Mise en pratique

**Manuel de lecture, vocabulaire, grammaire
et expression écrite**

Sixième édition

Cahier d'exercices

Alain Favrod
York University

Louise Morrison
York University

PEARSON
Toronto

Chargée des acquisitions : Lisa Rahn
Rédactrice en chef du développement : Suzanne Schaan
Directeur de projet : Marissa Lok
Rédactrice de la production : Avivah Wargon
Réviseure : Jeanne Duperreault
Correctrice : Aude Lemoine
Mise en page : Element, LLC
Recherchiste des autorisations : Rachel Irwin
Conception graphique couverture : Miriam Blier

10 9 8 7 6 5 4 3 2 1 WC

ISBN 978-0-321-73845-5

Table des matières

Vocabulaire

Lecture

Grammaire

Vocabulaire

Exercice 1 : Mots à compléter

Complétez les mots suivants à l'aide des lettres données. Les mots sont tirés du vocabulaire du chapitre 1 de *Mise en pratique*.

1. Y a-t-il une recette pour trouver le bonheur c _ _ j _ _ a_ ?

2. Iseult aimait Tristan d'un am _ _ _ f _ _ : elle ne pouvait pas vivre sans lui.

3. Quand on tombe subitement amoureux de quelqu'un, c'est le c _ _ _ d _ _ _ _ d _ _.

4. Michel Tournier pense que le lien _ m o _ _ e _ _ est moins fort que le lien amical.

5. L' i _ f _ _ _ _ i _ _ a provoqué une séparation dans ce couple.

6. Nos grands-parents pensent que la f _ _ _ l _ _ _ est une qualité rare de nos jours.

7. On dit que la vraie amitié est _é c _ _ r_ q _ _.

8. « L'amour, sans la j _ l _ _ si _, n'est pas l'amour. » (Léautaud)

9. La ha _ _ _ se décrit comme un sentiment très fort qui s'oppose à l'amour.

10. Les f _ _ _ ç _ i _ _ _s de ce jeune couple vont avoir lieu au printemps.

Exercice 2 : Mots de la même famille

Remplissez le tableau en suivant l'exemple donné. La plupart des mots se trouvent dans le vocabulaire du chapitre 1 de *Mise en pratique*. Utilisez un dictionnaire au besoin.

verbe (infinitif)	nom abstrait (avec l'article)	nom de personne (m. et f.)
se fiancer	les fiançailles	un(e) fiancé(e)
1. aimer		
2.		un(e) divorcé(e)
3.	le bénéfice	
4. condamner		
5.	le mépris	

Exercice 3 : Traduction

Traduisez les phrases suivantes en anglais ou en français, selon le cas.

to get married	= se marier	Ils se sont mariés en juin.
to get married to	= se marier avec (quelqu'un)	Elle s'est mariée avec Jean.
to marry	= épouser (quelqu'un)	Elle a épousé Jean.
to get engaged	= se fiancer	Ils se sont fiancés le jour de la Saint-Valentin.

1. Elle ne veut pas se marier pendant l'hiver.

_____

2. George married Elizabeth in 1982.

_____

3. Kate Middleton et le Prince William se sont mariés à Westminster Abbey.

_____

4. "Marry her," said the father to his son.

_____

5. They are going to get engaged next spring.

_____

Exercice 4 : Correspondances

Reliez les mots de la colonne A à ceux de la colonne B pour former une expression. Les mots de la colonne B sont dans le désordre.

Colonne A   Colonne B

1. l'amour   _____   a) de raison
2. tromper   _____   b) libre
3. un mariage   _____   c) bon ménage
4. faire   _____   d) en amitié
5. prendre   _____   e) quelqu'un

Puis faites une phrase complète avec chacune des expressions en utilisant le présent de l'indicatif.

Phrase 1 : _____

_____

Phrase 2 : _____

_____

Phrase 3 : _____

_____

Phrase 4 : _____

_____

Phrase 5 : _____

_____

Lisez le texte ci-dessous puis répondez aux questions de compréhension.

AMIS POUR LA VIE

« Depuis qu'on a réalisé qu'on ne vivrait plus dans la même région l'an prochain, on se demande si on va rester aussi proches… On n'a jamais été séparées ! » Marlene, 17 ans, **est partagée** entre l'excitation de sa nouvelle vie après le bac et la peur de perdre Stéphanie, sa complice depuis sept ans.

Entre angoisse et curiosité, la longévité de vos amitiés vous **turlupine**. Et pour cause : « Au lycée, on réalise qu'on avance vers la fin de quelque chose », constate la sociologue Claire Bidart. Ça tombe mal, c'est justement le moment où **les potes** comptent le plus, alors que l'on commence à se détacher de sa famille et que les histoires d'amour sont souvent hésitantes. Perdre ses amis ? Inimaginable !

Cette question vous **taraude** d'autant plus que c'est un âge où « l'on prend conscience que l'on a toujours grandi en se séparant, d'abord de sa mère puis de son nounours, de son lycée…, explique le psychiatre Benoît Louis. Envisager de se séparer de ses amis est d'autant plus traumatisant qu'on a l'impression qu'il y a un petit morceau de soi en chacun d'eux. En les perdant, on craint de **se morceler**. » Alors qu'en les gardant, on gagne presque une boule de cristal : chaque ami conservé constituerait **un indice** de qui on sera plus tard, une réponse partielle à la grande énigme du « qui vais-je devenir ? » […]

Alors, durera, durera pas, cette relation si essentielle ? Le (la) mieux placé(e) pour le dire c'est vous, avec votre propre pratique de l'amitié. Certains sont plus **doués** que d'autres pour entretenir le lien amical, souffler sur **les braises** de cette flamme fragile… Mais il existe tout de même des règles d'or, **bannir** les trahisons par exemple. « Ça dure parce qu'on s'entend bien, mais surtout parce qu'on peut se faire confiance, assure Alexis, 18 ans, à propos de sa bande. Pas question de balancer les secrets des autres ni de piquer la copine d'un pote. »

Les histoires de cœur, justement, sont-elles forcément fatales aux relations amicales ? Point du tout. Elles peuvent même sauver une amitié trop rigide en la forçant à **s'assouplir**. […] Marlene en a fait l'expérience : « Je me suis éloignée de ma meilleure amie quand je suis sortie avec mon copain, car ça ne pouvait pas être un couple à trois ! Elle ne m'a pas parlé pendant deux mois, mais elle a fini par rencontrer aussi un garçon et elle a compris mon attitude ; elle est revenue vers moi. » […]

Les **non-boudeurs** auront recours à une technique moins risquée : com – mu – ni- quer ! Pour garder le contact, partager le quotidien, rigoler, confier ses états d'âme… Tout partager sans s'étouffer, rester en contact sans s'emprisonner, accepter les changements sans se perdre de vue… la longévité d'une amitié demande une **sacrée** dose de volonté et de subtilité. […]

Pourtant, il n'existe pas de philtre magique pour préserver à coup sûr l'alchimie. Même pas besoin que la distance s'en mêle pour que, parfois, le lien **se détricote**, sans que l'on sache pourquoi. Amandine, 18 ans, a été inséparable de sa meilleure amie pendant un an mais après l'été elle s'est éloignée. « Tous mes efforts pour revenir vers elle n'ont servi qu'à me faire souffrir. Dans ces cas-là, ça ne sert à rien d'insister. » La jeune fille utilise l'image du **cerf-volant** : « Tu tiens **la ficelle** du bout des doigts, mais le vent souffle trop fort, et elle t'échappe. »

Étrange cette sensation que le lien disparaît alors que l'on a été sincèrement indispensable l'un à l'autre pendant un temps. « La relation peut être fusionnelle lorsqu'on se cherche soi-même, parce que l'amitié nous aide à nous découvrir, décrypte Benoît Louis. Quand cette **quête s'apaise**, il arrive que la relation se déséquilibre : on a l'impression d'avoir pris tout ce dont on avait besoin ou, au contraire, d'avoir tout donné. »

Parmi les dizaines de cerfs-volants que vous tenez aujourd'hui, une partie se sera sûrement envolée dans quelques années. Mais les plus importants seront encore là si vous avez su faire preuve de souplesse et d'adaptation. Et puis il faut bien lâcher certaines attaches pour se consacrer à d'autres rencontres, avec des gens plus proches de ce que vous serez devenu(e). Allez, fini la boule de cristal et les interrogations existentielles, profitez donc de vos amitiés du moment, et osez dire à vos potes qu'ils vous sont précieux.

Extrait tiré d'un dossier réalisé par Hélène Seingier dans la revue *Phosphore*, juillet 2008, p. 66-68, © Bayard Presse.

Vocabulaire pour la compréhension

est partagée — *is torn*

turlupine : (fam. v. turlupiner) tourmenter

les potes : (fam.) les amis

taraude : (v. tarauder) tourmenter

se morceler : se briser en morceaux

un indice — *a clue*

les braises — *the embers*

bannir : supprimer — *exclude or prohibit*

s'assouplir : devenir plus souple — *to soften or become supple*

non-boudeurs : les personnes qui ne boudent pas (*do not sulk*) lorsque leurs amis ont une histoire d'amour

se détricote : se défait — *to unravel*

cerf-volant — *kite*

la ficelle : petit fil — *string*

quête : recherche

s'apaise : se calme

Compréhension globale

Dites si les affirmations suivantes sont vraies (V) ou fausses (F). Expliquez votre choix.

1. Les jeunes ont raison de s'inquiéter de la longévité de leurs amitiés. ____

2. Nos amis nous aident en partie à nous définir comme personnes. ____

3. La séparation est un aspect de la vie dont on prend conscience très petits. ____

4. Il n'y a pas de règles pour entretenir le lien amical. ____

5. Les histoires d'amour sont fatales aux relations amicales. ____

6. Pour garder le contact à long terme, il faut se parler tous les jours. ____

7. La distance n'est pas toujours un facteur dans la perte d'une amitié. ____

8. Une relation qui se déséquilibre est nécessairement réciproque. ____

9. On utilise l'image du cerf-volant pour décrire l'amitié qui s'échappe. ____

10. Il faut accepter de perdre certains amis pour faire de la place aux nouveaux qui sont plus proches de nous. ____

Compréhension détaillée

1. Pour quelles raisons Marlene se sent-elle partagée entre curiosité et angoisse ?

_____

_____

2. L'idée de perdre ses amis est traumatisante pour les jeunes de 17, 18 ans. Pourquoi ?
_____
_____

3. Comment peut-on savoir si nos amitiés vont durer ?
_____
_____

4. Que fait-on quand un(e) ami(e) a une histoire d'amour ? Comment maintenir l'amitié ?
_____
_____

5. Expliquez l'image du cerf-volant avec vos propres mots.
_____
_____

Réflexion et discussion

1. Avez-vous eu cette crainte de perdre vos ami(e)s quand vous avez quitté l'école secondaire ?
_____
_____
_____

2. Décrivez une amitié qui dure ou, au contraire, qui n'a pas duré.
_____
_____
_____
_____

3. Pourquoi est-il important de faire de la place à de nouveaux amis ?
_____
_____
_____

Grammaire

Que sais-je ?

Indiquez la bonne réponse et expliquez votre choix.

1. Les verbes réguliers sont des verbes...

_____ a) qui n'ont qu'une seule forme.

_____ b) qui se conjuguent comme tous les verbes de leur groupe.

_____ c) qui ont un infinitif en *oir*.

2. Pour chercher la signification d'un verbe dans le dictionnaire, on utilise la forme...

_____ a) du participe passé.

_____ b) du présent de l'indicatif.

_____ c) de l'infinitif présent.

3. Avec le présent de l'indicatif, on emploie parfois l'expression...

_____ a) *depuis.*

_____ b) *hier.*

_____ c) *dans dix ans.*

4. Dans la phrase « Que nous apporte l'amitié ? », le sujet du verbe est le mot...

_____ a) *nous.*

_____ b) *l'amitié.*

_____ c) *que.*

5. Parmi les noms qui se terminent en *e*...

_____ a) il n'y a que des noms masculins.

_____ b) il n'y a que des noms féminins.

_____ c) il y a des noms masculins et des noms féminins.

6. Un mot est invariable quand...

_____ a) il ne change pas de sens.

_____ b) il ne change pas de forme.

_____ c) il ne change pas de préfixe.

1 Le présent de l'indicatif

1A **Mettez chaque verbe au présent de l'indicatif. N'oubliez pas d'élider le pronom devant un *h* muet ou une voyelle. (Voir tableaux 1.1 et 1.4.)**

1. tu (se rendre) _____

2. nous (grandir) _____

3. vous (vendre) _____

4. je/j' (habiter) _____

5. nous (réfléchir) _____

6. elles (haïr) _____

7. elle (attendre) _____

8. il (partir) _____

9. tu (chercher) _____

10. je/j' (arriver) _____

1B **Mettez chaque verbe au présent de l'indicatif et à la forme négative. N'oubliez pas d'élider le pronom devant un *h* muet ou une voyelle. (Voir tableaux 1.1 et 1.4.)**

1. je (confondre) _____

2. elles (réfléchir) _____

3. nous (réparer) _____

4. je/j' (aider) _____

5. tu (descendre) _____

6. elle (s'habiller) _____

7. nous (se reposer) _____

8. vous (s'embêter) _____

9. ils (se réveiller) _____

10. elles (s'entendre) _____

1C Donnez le présent de l'indicatif de chaque verbe. (Voir tableaux 1.5, 1.6 et 1.7.)

1. elles (découvrir) _____

2. nous (offrir) _____

3. je (souffrir) _____

4. tu (couvrir) _____

5. vous (recouvrir) _____

6. tu (dormir) _____

7. il (faire) _____

8. je (mourir) _____

9. nous (craindre) _____

10. ils (mettre) _____

11. nous (promettre) _____

12. je (compromettre) _____

13. il (suivre) _____

14. ils (être) _____

15. elle (avoir) _____

16. on (connaître) _____

17. elle (savoir) _____

18. nous (savoir) _____

19. tu (prendre) _____

20. nous (devoir) _____

1D Complétez le passage ci-dessous en mettant les verbes pronominaux au présent de l'indicatif. (Voir tableau 1.4.)

Le matin, je _____ (**1.** *se réveiller*) à 6 heures mais je ne _____

(**2.** *se lever*) que dix minutes plus tard. Mon mari, lui, _____ (**3.** *ne pas se lever*)

avant huit heures. Moi, je _____ (**4.** *s'habiller*) et je _____

(**5.** *se brosser*) les cheveux. Ensuite je _____ (**6.** *réveiller*) ma mère et

nous _____ (**7.** *manger*) ensemble. Nous _____ (**8.** *se parler*)

beaucoup et parfois nous _____ (**9.** *se taquiner*), mais nous _____

(**10.** *ne jamais se disputer*) parce que nous _____ (**11.** *être*) de bonnes amies.

Enfin, on _____ (**12.** *se dépêcher*) pour pouvoir prendre le bus de huit heures.

Nous _____ (**13.** *ne jamais se tromper*) de numéro de bus parce que

cela _____ (**14.** *faire*) cinq ans que nous le _____ (**15.** *prendre*).

1E Certains verbes en *er* présentent des particularités orthographiques auxquelles vous devez faire attention. Mettez chaque verbe au présent de l'indicatif. (Voir tableau 1.2.)

1. achever

   je/j' _____   nous _____

   elle _____   vous _____

   elles _____

2. mener

   je _____   nous _____

   tu _____   vous _____

   on _____

3. geler

   je _____   nous _____

   il _____   vous _____

   ils _____

4. placer

   je _____   nous _____

   tu _____

   vous _____

5. annoncer

   je/j' _____   nous _____

   vous _____

   elles _____

6. juger

   je _____   nous _____

   tu _____

   vous _____

7. loger

   je _____   nous _____

   tu _____

   vous _____

8. épeler

   je/j' _____   nous _____

   tu _____   vous _____

   on _____

9. rejeter

tu	_____	nous	_____
on	_____	vous	_____
elles	_____		

10. rappeler

je/j'	_____	nous	_____
tu	_____	vous	_____
elles	_____		

1F Mettez chaque verbe au présent de l'indicatif. Révisez les verbes irréguliers et leurs composés. (Voir appendice A.)

1. Vous _____ (faire) un gâteau ?

2. Elle _____ (avoir) peur des chiens.

3. Nous _____ (écrire) à nos parents tous les quinze jours.

4. Tu _____ (craindre) le pire ?

5. Les Français _____ (conduire) trop vite et ils _____ (avoir) beaucoup d'accidents.

6. Les étudiants _____ (suivre) d'habitude cinq cours.

7. Vos cousins _____ (vivre) à Montréal depuis longtemps ?

8. Qu'est-ce que vous _____ (lire) le soir ?

9. Je _____ (être) tellement myope que je ne _____ (voir) rien sans mes lunettes.

10. Nous _____ (croire) en Dieu, mais eux ne _____ (croire) en rien.

11. Mais que _____ (dire)-vous ? C'est incroyable !

12. Elles _____ (dire) toujours la vérité.

13. Nous _____ (faire) nos devoirs.

14. Ils _____ (défaire) leurs valises parce qu'ils _____ (ne plus partir).

15. Elles _____ (refaire) leur composition parce que le professeur leur a donné une mauvaise note.

16. _____ (avoir)-vous de l'argent ?

17. Oui, je/j' _____ (avoir) dix dollars à vous prêter.

18. Nous _____ (aller) voir un film ce soir.

19. _____ (aller)-tu en France cet été ?

20. Elle _____ (ne pas connaître) mes parents.

21. À l'heure du dîner, je _____ (mettre) la table.

22. Les enfants _____ (dormir) de dix à douze heures par nuit.

23. Qu'est-ce que ta mère _____ (servir) comme dessert à Noël ?

24. Elle _____ (apprendre) l'italien à l'école.

25. Nous _____ (ne pas se comprendre) très bien.

26. On _____ (se méprendre) parfois sur les qualités des autres.

27. Vous _____ (être) content d'avoir fini votre travail ?

28. Nous _____ (être) ici pour négocier les termes du contrat.

29. Elle _____ (courir) tous les jours pour rester en forme.

30. Les navires _____ (parcourir) les mers.

31. Leur chien _____ (accourir) les accueillir quand ils rentrent chez eux.

32. On _____ (plaindre) les enfants dont les pères sont absents à cause de leur travail.

33. Ils _____ (peindre) des paysages.

34. Nous _____ (ne plus se plaindre) de notre situation.

35. Le détective _____ (poursuivre) le criminel.

36. Elle _____ (venir) d'arriver.

37. Je ne vous _____ (retenir) pas.

38. À quelle heure _____ (revenir)-vous ce soir ?

39. Il _____ (devenir) de plus en plus méchant avec ses amis.

40. Nous _____ (tenir) beaucoup à vous.

41. Ils _____ (ne plus pouvoir) sortir au restaurant parce qu'ils _____ (ne plus avoir) d'argent.

42. Elle _____ (pouvoir) venir passer son examen à cinq heures.

43. Nous _____ (vouloir) vous aider.

44. Elles _____ (vouloir) s'en aller.

45. Nous _____ (ne pas rire) quand il _____ (pleuvoir).
    Il _____ (falloir) attendre le beau temps pour être heureux.

46. En hiver, nous _____ (boire) souvent du chocolat chaud, mais en été nous _____ (prendre) du thé glacé.

47. Combien d'argent est-ce que je vous _____ (devoir) ?

48. Est-ce que cette musique vous _____ (plaire) ?

49. Je _____ (recevoir) beaucoup de courrier cette année.

50. Avez-vous l'impression qu'elle _____ (décevoir) ses parents ?

1G Complétez les proverbes en utilisant le présent de l'indicatif des verbes entre parenthèses.

1. Mieux _____ (valoir) tard que jamais.

2. Qui _____ (se ressembler) _____ (s'assembler).

3. Pierre qui _____ (rouler) _____ (ne pas amasser) mousse.

4. Quand le chat n'est pas là, les souris _____ (danser).

5. À chacun son fardeau _____ (peser).

Maintenant, pour chaque proverbe anglais, trouvez ci-dessus l'équivalent français.

_____ a) Birds of a feather flock together.

_____ b) When the cat's away the mice will play.

_____ c) Better late than never.

_____ d) Everyone feels his own burden heavy.

_____ e) A rolling stone gathers no moss.

1H Mettez les phrases déclaratives ci-dessous à la forme interrogative de trois façons différentes : a) intonation montante, b) *est-ce que*, c) inversion du sujet. N'oubliez pas le *t* euphonique entre la forme verbale qui se termine par une voyelle et le pronom *il, elle* ou *on* quand on fait l'inversion. (Voir tableau 1.3.)

1. Il travaille pour gagner de l'argent.

   a) _____

   b) _____

   c) _____

2. Elle se lève à six heures du matin.

   a) _____

   b) _____

   c) _____

3. Nous allons la voir ce soir.

   a) _____

   b) _____

   c) _____

1I Indiquez cinq choses que vous avez l'habitude de faire en rentrant le soir. Utilisez le présent de l'indicatif.

Le soir, en rentrant, je/j'…

1. _____

2. _____

3. _____

4. _____

5. _____

1J Composez une phrase avec *depuis* + période de temps. Puis récrivez cette phrase en utilisant les synonymes *il y a… que* et *cela fait… que*. (Voir tableau 1.10.)

1. _____

2. _____

3. _____

1K Faites des phrases illustrant bien le sens et l'emploi des expressions entre parenthèses. (Voir tableau 1.11.)

1. (*venir de* + infinitif) _____

   _____

2. (*être sur le point de* + infinitif) _____

_____

3. (*aller* + infinitif) _____

_____

4. (*être en train de* + infinitif) _____

_____

2 L'impératif

2A   Rappelez-vous que les verbes en *er* et quelques verbes en *ir* comme *offrir, couvrir, cueillir, ouvrir* et *souffrir* n'ont pas de *s* à la forme *tu* de l'impératif. **(Voir tableau 1.12.)**

1. chanter (tu) _____ !
2. parler (tu) _____ !
3. arrêter (tu) _____ !
4. danser (tu) _____ !
5. ouvrir (tu) _____ !
6. offrir (tu) _____ !
7. cueillir (tu) _____ !

Attention aux formes irrégulières suivantes. (Voir tableau 1.13.)

8. avoir (tu) _____ ! (nous) _____ !
9. savoir (tu) _____ ! (nous) _____ !
10. être (tu) _____ ! (nous) _____ !

Et maintenant quelques verbes dont les formes de l'impératif correspondent aux personnes *tu*, *nous* et *vous* du présent de l'indicatif. (Voir tableau 1.12.)

11. faire (tu) _____ ! (nous) _____ !
12. vendre (tu) _____ ! (nous) _____ !
13. attendre (tu) _____ ! (nous) _____ !
14. finir (tu) _____ ! (nous) _____ !
15. écrire (tu) _____ ! (nous) _____ !
16. lire (tu) _____ ! (nous) _____ !
17. aller (tu) _____ ! (nous) _____ !
18. dire (tu) _____ ! (nous) _____ !

Donnez l'impératif négatif des verbes suivants. (Voir tableau 1.14.)

19. ne pas entrer   (tu) _____ !
20. ne pas fumer   (vous) _____ !
21. ne plus me parler   (tu) _____ !
22. ne jamais prendre de drogue   (vous) _____ !

23. ne pas partir   (nous) _____ !
24. ne pas avoir peur   (vous) _____ !
25. ne rien dire   (vous) _____ !
26. ne rien manger   (tu) _____ !
27. ne rien acheter   (nous) _____ !
28. ne pas dormir   (vous) _____ !

Avec les verbes pronominaux à l'impératif affirmatif, n'oubliez pas d'utiliser le pronom réfléchi et de le mettre après le verbe. (Voir tableau 1.14.)

29. se lever   (tu) _____ ! (nous) _____ !
30. se laver   (tu) _____ ! (nous) _____ !
31. s'habiller (tu) _____ ! (nous) _____ !
32. s'asseoir   (tu) _____ ! (nous) _____ !

Mettez les verbes pronominaux suivants au négatif. Attention à la place du pronom. (Voir tableau 1.14.)

33. Soyons sages, _____ (se disputer).
34. _____ (s'asseoir/vous), la chaise est cassée.
35. _____ (s'endormir/tu), il n'est que sept heures du soir.
36. _____ (se reposer/tu), il y a beaucoup de travail à faire.
37. _____ (se dépêcher/nous), nous avons déjà manqué le bus.

2B   **Composez deux phrases qui illustrent bien chaque emploi de l'impératif. (Voir tableau 1.15.)**

1. un ordre direct

   a) _____

   b) _____

2. des indications ou des directives

   a) _____

   b) _____

3. un souhait ou un conseil

   a) _____

   b) _____

4. une demande exprimée avec politesse (verbe *vouloir*)

   a) _____

   b) _____

5. une interdiction

   a) _____

   b) _____

6. une suggestion (forme *nous*)

   a) _____

   b) _____

3 Les noms

3A Indiquez le genre des noms (masculin ou féminin) d'après leur terminaison. (Voir appendice G.)

1. communisme _____
2. rue _____
3. sarcasme _____
4. voyage _____
5. gourmandise _____
6. journée _____
7. folie _____
8. couleur _____
9. nation _____
10. haine _____
11. chapeau _____
12. déesse _____
13. solitude _____
14. pitié _____
15. passoire _____
16. avion _____
17. devoir _____
18. ménage _____
19. palmier _____
20. incident _____

3B Indiquez le sens des noms à double genre en les traduisant en anglais. Utilisez un dictionnaire bilingue.

1. (m) poêle _____
   (f) poêle _____

2. (m) mort _____
   (f) mort _____

3. (m) critique _____
   (f) critique _____

4. (m) voile _____
   (f) voile _____

5. (m) vase _____
   (f) vase _____

6. (m) poste _____
   (f) poste _____

7. (m) tour _____
   (f) tour _____

8. (m) somme _____
   (f) somme _____

9. (m) livre _____
   (f) livre _____

10. (m) moule _____
    (f) moule _____

3C Donnez le féminin des noms d'animaux ci-dessous.

1. le chien _____
2. le canard _____
3. le singe _____
4. le bœuf _____
5. le loup _____
6. le mouton _____
7. le cerf _____
8. le dindon _____
9. le cochon _____
10. le chat _____
11. le cheval _____
12. le coq _____

3D Dans le passé, la langue française n'acceptait que la forme du masculin de certains noms, surtout dans le cas de professions où n'étaient représentées que peu de femmes. Donnez la forme du féminin utilisée maintenant au Canada.

1. un professeur   une _____

2. un auteur   une _____

3. un écrivain   une _____

3E Certains noms sont toujours masculins et d'autres toujours féminins, peu importe la personne dont on parle. Utilisez chaque nom dans une phrase.

1. une victime   _____

2. une personne   _____

3. un chef   _____

4. un bébé   _____

5. un mannequin   _____

3F Donnez cinq noms (autres que les noms utilisés dans l'exercice 3E) qui s'appliquent à la fois à l'homme et à la femme.

1. _____

2. _____

3. _____

4. _____

5. _____

3G Dans les phrases suivantes, mettez les mots soulignés au masculin. Attention aux formes irrégulières !

1. La mère et la tante sont parties ce matin.

_____

2. La marraine déteste la reine parce que celle-ci est sa sœur.

_____

3. L'héroïne aimerait être une princesse ou bien une comtesse.

_____

4. Ma copine est ma meilleure compagne.

_____

3H Trouvez le nom qui correspond à chaque définition. (Voir tableau 1.16.)

1. Il nous coupe les cheveux.	_____	a) un écrivain
2. Elle fait du pain.	_____	b) un diplomate
3. Elle chante.	_____	c) une victime
4. Elle joue dans un film.	_____	d) une vedette
5. Il est le meilleur acteur du film.	_____	e) un coiffeur
6. Il écrit un roman.	_____	f) un secrétaire

7. Il a été agressé. _____   g) une patronne

8. Il travaille pour le gouvernement. _____   h) une boulangère

9. Il tape des lettres. _____   i) une actrice

10. Elle gère une entreprise. _____   j) une chanteuse

3I   **Donnez le pluriel des noms suivants. (Voir tableau 1.17.)**

1. un lit   des _____
2. une table   des _____
3. un journal   des _____
4. un récital   des _____
5. un trou   des _____
6. un bijou   des _____
7. un travail   des _____
8. un détail   des _____
9. un Canadien   des _____
10. un Français   des _____
11. un monsieur   des _____
12. un jeune homme   des _____
13. un ciel   des _____
14. un œil   des _____

Attention aux noms composés ! (Voir tableau 1.18.)

15. le grand-père   les _____
16. l'ouvre-boîte   les _____
17. le va-et-vient   les _____
18. le gratte-ciel   les _____
19. le réveille-matin   les _____
20. le porte-monnaie   les _____
21. l'arc-en-ciel   les _____
22. le timbre-poste   les _____
23. le couvre-lit   les _____
24. le tire-bouchon   les _____
25. le coupe-papier   les _____

4 Les pronoms compléments directs *le, la, l'* et *les*

4A   **Remplacez les mots soulignés par les pronoms *le, la, l'* ou *les*. (Voir tableau 1.20.)**

1. Elle apprécie beaucoup <u>sa patronne</u>.

   _____

2. Quand prenez-vous <u>vos vacances</u> ?

   _____

3. Ils n'écoutent pas toujours <u>le professeur</u>.

   _____

4. Il cherche <u>sa copine</u>.

   _____

5. Il veut voir <u>son parrain</u>.

   _____

5 Traduction

5A Il existe plusieurs présents en anglais tandis qu'en français il n'y en a qu'un. Traduisez les phrases suivantes pour mieux comprendre cette différence entre les deux langues. (Voir tableau 1.20.)

ANGLAIS	FRANÇAIS

1. He is singing now. _____

He sings on Sundays. _____

He does sing sometimes. _____

2. Is she studying right now? _____

She studies on Sundays? _____

Does she study sometimes? _____

3. They are fighting now. _____

They fight often. _____

Do they fight sometimes? _____

5B Utilisez *venir de* + infinitif dans cet exercice. (Voir tableau 1.11.)

ANGLAIS	FRANÇAIS

1. I have just eaten. _____

2. We have just arrived. _____

3. They just got married. _____

5C Utilisez le futur proche avec *aller* + infinitif dans cet exercice. (Voir tableau 1.11.)

ANGLAIS	FRANÇAIS

1. She is going to eat in five minutes. _____

2. We are going to see a film tonight. _____

3. They are going to get married. _____

5D Utilisez *depuis* + le présent de l'indicatif dans cet exercice. (Voir tableaux 1.10 et 1.21.)

1. I have been smoking for five years.

_____

2. We have been writing to each other for three months.

_____

3. He has been working at the same factory for six years.

_____

4. She has been learning French since September.

_____

5E Utilisez *être en train de* + l'infinitif dans cet exercice. (Voir tableau 1.11.)

ANGLAIS   FRANÇAIS

1. He is reading.   _____

2. She is writing a letter.   _____

3. You are studying?   _____

5F Utilisez *être sur le point de* + l'infinitif dans cet exercice. (Voir tableau 1.11.)

ANGLAIS   FRANÇAIS

1. She is about to leave.   _____

2. They are about to get engaged. _____

3. We are about to eat.   _____

5G Traduisez les phrases suivantes. (Voir tableau 1.21.)

1. Let's make an appointment for next week.

_____

2. Cook on low heat for about twenty minutes.

_____

3. They have been going out together for two years.

_____

6 Correction

6A Indiquez si le verbe se termine en *é* ou *er*. (Voir tableau 1.23.)

1. Il va se repos___ .   4. Il faut travaill___ .

2. Elle n'a pas chang___ .   5. Nous venons de nous arrêt___ .

3. Ils ont nag___ .

6B Indiquez si l'on met *à* ou *a*. (Voir tableau 1.23.)

1. Cela n'___ pas d'importance.   4. C'est ___ Moncton.

2. Oui, ___ tout ___ l'heure !   5. Marcel ___ raison.

3. Elle y est allée, mais elle n'___ rien vu.

6C Corrigez les phrases suivantes et expliquez vos corrections. (Voir tableau 1.23.)

1. Elle prends l'autobus pour aller rencontré son fiancé. (2 fautes)

2. Il ne connaît pas la nouvelle addresse de ses cousin. (2 fautes)

3. Dépêches-toi parce qu'on à que cinq minute avant le cours. (3 fautes)

4. Nous avons eu une belle été, il n'a presque pas plu. (2 fautes)

5. Elle ne sait pas qui vous l'avez envoyé. (1 faute)

7 Expression écrite

7A Composez le texte d'une publicité française qui servira à vendre un produit que vous voulez mettre sur le marché. Utilisez le présent de l'indicatif et l'impératif.

_____

_____

_____

_____

_____

_____

_____

_____

_____

CHAPITRE 2

Vocabulaire

EXERCICE 1 : Mots à compléter
EXERCICE 2 : Mots de la même famille
EXERCICE 3 : Correspondances

Lecture

«Ti t'appelles Aïcha, pas Jouzifine ! » (extrait de roman) avec questions de compréhension

Grammaire

1. Le passé composé
2. L'imparfait
3. Le plus-que-parfait
4. Le passé simple
5. Traduction
6. Correction
7. Expression écrite

Vocabulaire

Exercice 1 : Mots à compléter

Complétez les mots suivants à l'aide des lettres données. Les mots sont tirés du vocabulaire du chapitre 2.

1. On dit que Manon r _ _ s _ _ _ _ _ _ t à son père quand elle était plus jeune.

2. La situation était devenue insupportable, alors Fannie a _ u _ _ t _ la maison.

3. Aujourd'hui, les familles sont moins n _ _ _ _ _ _ _ _ _ qu'autrefois.

4. La famille Lebrun pense s' i _ _ t _ _ _ _ r à Genève : Madame Lebrun a eu une promotion dernièrement.

5. Le matin, elle doit laisser sa petite fille à la _ _ _ d _ _ i _ avant d'aller au bureau.

6. Jeanne et Marc veulent f _ _ _ _ _ une famille. Ils vont peut-être adopter un
   o _ _ _ _ l _ _.

7. Fannie a j u _ _ qu'elle n'oublierait pas son _ é _ i _ _ g _.

8. Une mère s' i _ q _ _ _ _ _ souvent de ses enfants même quand ils sont ad _ _ t _ s.

9. La tr_h_ _ _ _ est un sentiment très fort qui démontre un manque de fidélité.

10. La famille Lebrun va dé _ _ _ ag _ _ dans une ville francophone de l'Ontario.

Exercice 2 : Mots de la même famille

Trouvez le nom qui correspond à chacun des adjectifs suivants. Indiquez le genre (masculin ou féminin) en utilisant les articles *le* ou *la*.

1. triste   _____
2. joyeux   _____
3. malheureux   _____
4. loyal   _____
5. inquiet   _____
6. fier   _____
7. soucieux   _____
8. traître   _____
9. souriant   _____
10. déchiré   _____

Exercice 3 : Correspondances

Reliez les mots de la colonne A à ceux de la colonne B pour former une expression verbale. Les mots de la colonne B sont dans le désordre.

Colonne A   Colonne B

1. se mettre ___   a) du souci
2. fondre ___   b) des enfants
3. se faire ___   c) en colère
4. élever ___   d) à la maison
5. vivre ___   e) en larmes

Puis faites une phrase complète avec chacune des expressions en utilisant les temps du passé.

Phrase 1 : _____

_____

Phrase 2 : _____

_____

Phrase 3 : _____

_____

Phrase 4 : _____

_____

Phrase 5 : _____

_____

Dans les années 1950 et 1960, la Belgique, comme la France, a ouvert ses portes à l'Espagne, à la Grèce et aux pays du Maghreb (le Maroc en premier, puis la Tunisie et l'Algérie).

L'extrait que vous allez lire est tiré d'un roman intitulé *Ti t'appelles Aïcha, pas Jouzifine !* L'auteur s'appelle Mina Oualdlhadj. Arrivée à Bruxelles à l'âge de onze ans, elle obtient la nationalité belge et fait partie de la seconde génération d'immigrés marocains. Dans cet extrait, la narratrice, Mimi, raconte son enfance. Elle parle plus précisément de son amie Aïcha, qui est marocaine aussi, mais qui a vécu une enfance très différente de la sienne.

Lecture

Ti t'appelles Aïcha, pas Jouzifine !

[...] Comme le dit la chanson, « je suis née dans le gris par accident » ; j'aurais dû naître comme Aïcha, sous le soleil du Maroc, si la pauvreté et le rêve d'une meilleure vie n'avaient précipité mes parents vers ce « **Plat Pays** » qui est devenu le mien.

Mes parents sont arrivés dans les années 60, ce temps béni où l'Europe avait encore besoin de **main d'œuvre** étrangère. C'est à l'école primaire que j'ai fait la connaissance d'Aïcha. Elle est arrivée en Belgique au milieu des années 70, alors que les candidats à l'immigration n'étaient plus les bienvenus et que certains se demandaient comment fermer définitivement les portes de l'Europe, y compris celle du **regroupement familial**. Un jour, monsieur Bernard, mon instituteur, après avoir écrit au tableau le mot « climat », me demande :

— Quel temps fait-il chez vous, Mimi ?

Je regarde aussitôt en direction de la fenêtre et lui réponds : « Ben, il pleut, M'sieur ! » Bien des années plus tard, ma voisine **de palier** me posa la même question dans l'ascenseur de l'immeuble. Elle voulait sans doute entamer la conversation mais je ne pus m'empêcher de lui signifier mon **agacement** :

— Quel temps il fait où, Madame ?

— Euh, chez vous… Je veux dire… Vous êtes bien marocaine, quand même ?

— Chez moi, c'est ici Madame, et je n'ai aucune idée du temps qu'il peut bien faire au Maroc !

Devant mon entêtement, monsieur Bernard se tourne vers mon amie Aïcha, arrivée du Maroc deux ans plus tôt. Elle est si heureuse de pouvoir raconter qu'on a du mal à l'arrêter. Au Maroc, il fait beau, les enfants marchent dans les rues en portant une grande poupée fabriquée avec des bouts de bois. On l'appelle la « fiancée de la pluie ». Les enfants chantent des chansons pour que la pluie tombe. Ils dansent sous la pluie en tournoyant, le visage vers le ciel et la bouche grande ouverte. Moi qui n'aime pas la pluie, je les trouve un peu fous, ces petits Marocains.

A l'époque je trouvais Aïcha étrange. Bien qu'originaires du même pays et de la même région, je me sentais moins proche d'elle que de mes copines belges **de souche**. Aujourd'hui, on peut dire qu'elle porte assez bien son prénom, qui signifie « vivante » mais à l'époque où je l'ai connue, peu de temps après qu'elle eut quitté son Maroc natal pour ma Belgique, elle était **éteinte**. Son exil fut double : elle quittait son enfance en même temps que son pays. [...] Pour moi, le Maroc est le pays de mes parents, un pays de vacances. Pour elle, c'est le paradis perdu, celui d'une enfance libre et insouciante.

Il faut dire que le premier contact d'Aïcha avec le sol belge fut frileux. A l'aéroport de Zaventem, son père la voyant greloter de froid, ouvre une valise et en sort un pull de laine. A l'arrivée, il fait nuit. Le lendemain, trop de voitures, trop de maisons, trop de bruit, trop peu de soleil, trop gris le ciel, loin la mer… Enfermée dans un trois-pièces, elle perd tous ses repères. Sa mère a souvent les yeux mouillés. Son ouvrier de père travaille si dur qu'il est trop fatigué pour exprimer quoique ce soit. Du lundi au vendredi, il creuse le sol, démolit des murs et en reconstruit d'autres, porte des sacs de briques et de ciment et manie le **marteau-piqueur**. [...] Quand il rentre, il **s'écroule** sur le fauteuil marocain et s'endort. Sur le chantier, il ne comprend pas toujours ce qu'on lui dit et, quand il ose parler, il provoque des rires. Mais il ne passe pas un jour qu'il ne remercie Dieu de l'avoir délivré de son pays natal, surtout depuis qu'il est en **situation régulière**. Sa formule habituelle quand on lui demande comment il va est toujours la même : « *Alhamdou li llah* », « merci à Dieu ». [...]

C'est lors de notre premier voyage scolaire que j'ai compris le sens du mot nostalgie, en observant Aïcha. Nous devions passer une journée à la mer du Nord. Aïcha était enthousiaste : elle n'avait pas vu la mer depuis trois ans. La seule qu'elle connut était la Méditerranée. **J'eus beau** la prévenir que la mer, en Belgique, était différente, elle ne voulut rien entendre. Elle voulait bien admettre qu'en mai, il faisait encore trop froid, qu'on ne pourrait pas s'y baigner ni pêcher les moules, mais la contempler, la sentir, écouter le bruit des vagues lui suffirait.

Arrivée à bon port, à peine sortie du car, elle se mit à courir vers l'eau en escaladant les dunes quand elle s'arrêta soudain. Elle venait d'être aveuglée par une « tempête de sable ». Cette journée fut pour elle une déception. Elle répétait : « Je n'ai jamais vu une mer grise. La mer est bleue, normalement. Et puis celle-ci n'a pas d'odeur. La mer, on la sent de loin. Ici, on n'entend presque pas le bruit des vagues mais on entend celui des voitures. »

Dans le car qui nous ramenait, tout le monde chantait, sauf Aïcha. Adossée contre la vitre, elle se frottait les yeux et reniflait.

— Tu pleures ?

— Non, j'ai des grains de sable dans les yeux et mon nez coule.

Sans vouloir faire de la psychologie à cinq francs, la différence entre Aïcha et moi est que j'ai vécu une continuité entre l'enfance et l'adolescence. Chez elle, il y a eu rupture, passage d'un pays à l'autre, si différent. C'est comme si, en Aïcha l'enfant et l'adolescente, vivaient deux personnes différentes.

Extrait tiré de *Ti t'appelles Aïcha, pas Jouzifine !* de Mina Oualdlhadj, Clepsydre Éditions, Bruxelles 2008, p. 35-37 et 40-42.

Vocabulaire pour la compréhension

Ti t'appelles Aïcha, pas Jouzifine ! : phrase prononcée par le père d'Aïcha pour rappeler à sa fille ses origines marocaines (Joséphine est un prénom de fille typiquement français), autrement dit « Tu es marocaine, pas belge ni française. »

Plat Pays : on fait allusion à la Belgique au relief plat

main d'œuvre — *workforce*

regroupement familial : situation selon laquelle les membres d'une famille qui sont séparés peuvent se retrouver, dans ce cas-ci c'est le père qui confirme son travail à l'étranger (en Belgique) et puis fait venir sa femme et ses enfants (du Maroc).

voisine **de palier** : qui habite le même étage

agacement : irritation, mécontentement

copines belges **de souche** : qui sont nées en Belgique

éteinte : triste, abattue, morte

marteau piqueur — *jackhammer*

s'écroule : s'affale, se laisse tomber lourdement

situation régulière : situation d'emploi et de résidence légale avec documents en règle

J'eus (avoir) beau : s'efforcer en vain de faire quelque chose ; dans ce contexte Mimi s'efforce d'expliquer à Aïcha que la mer du Nord ne sera pas aussi belle que la Méditerranée mais Aïcha ne veut rien entendre.

Compréhension globale

1. Dans cet extrait, on parle de deux pays : le Maroc et la Belgique. Relevez toutes les expressions utilisées pour décrire chacun de ces deux endroits. Que remarquez-vous ?

   Le Maroc   La Belgique

   _____

   _____

   _____

2. Mimi, la narratrice, raconte que le premier contact d'Aïcha avec la Belgique est difficile. Quels sont les manifestations de cette difficulté ?

   _____

   _____

   _____

3. Pour quelles raisons Aïcha est-elle déçue de son voyage à la mer ?

   _____

   _____

   _____

Compréhension détaillée

1. Le thème de l'identité joue un rôle important dans cet extrait. Identifiez trois passages où la narratrice parle de la Belgique comme étant son pays.

   _____

   _____

   _____

2. Comment Mimi réagit-elle quand son professeur lui pose une question au sujet du climat au Maroc ? Pourquoi cette question l'agace-t-elle autant ?

   _____

   _____

3. Aïcha a visiblement une attitude différente. Expliquez comment.

   _____

   _____

4. Expliquez la phrase « *à l'époque où je l'ai connue, peu de temps après qu'elle eut quitté son Maroc natal pour ma Belgique, Aïcha était éteinte* ».

   _____

   _____

5. Comment la narratrice a-t-elle compris le sens du mot nostalgie ?

   _____

   _____

Réflexion

1. Connaissez-vous quelqu'un qui a vécu un déménagement difficile durant son enfance ? Comment cette personne s'est-elle habituée à son nouveau pays ?

_____

_____

_____

2. La narratrice raconte que la mère d'Aïcha avait souvent les yeux mouillés. D'après vous, que vivait la mère (*what was she experiencing*) de son côté ?

_____

_____

_____

Grammaire

Que sais-je ?

Indiquez la bonne réponse et expliquez votre choix.

1. Quand on parle de ce qui est arrivé la semaine dernière, on utilise…
   ____ a) l'impératif.
   ____ b) le passé composé.
   ____ c) le futur.

2. Pour former le passé composé, on utilise…
   ____ a) l'auxiliaire *avoir* ou *être* suivi de l'infinitif.
   ____ b) l'auxiliaire *avoir* ou *être* suivi de l'impératif.
   ____ c) l'auxiliaire *avoir* ou *être* suivi du participe passé.

3. Les verbes pronominaux au passé composé se conjuguent avec…
   ____ a) l'auxiliaire *être*.
   ____ b) l'auxiliaire *avoir*.
   ____ c) parfois *avoir* et parfois *être*.

4. Les verbes dont le participe passé se termine en *é* sont des verbes…
   ____ a) en *er*.
   ____ b) en *ir*.
   ____ c) en *re*.

5. Dans la phrase « Hier, j'ai appris la nouvelle à Gaston », le complément d'objet direct est…
   ____ a) *j'*.
   ____ b) *la nouvelle*.
   ____ c) *à Gaston*.

6. Le passé simple est un temps utilisé...

_____ a) surtout dans la conversation.

_____ b) surtout dans la correspondance.

_____ c) surtout dans la littérature.

1 Le passé composé

1A **Mettez chaque verbe au passé composé. Attention à l'auxiliaire ! (Voir tableaux 2.1 et 2.2.)**

L'année dernière, je _____ (**1.** *visiter*) Paris. Je _____

(**2.** *passer*) trois semaines avec ma copine dans cette ville splendide.

Nous _____ (**3.** *monter*) à la deuxième plate-forme de la tour

Eiffel et nous _____ (**4.** *aller*) voir trois musées : le musée du Louvre, le

musée d'Orsay et le musée Rodin. Après, nous _____ (**5.** *se promener*) dans

le Quartier Latin. Un après-midi, nous _____ (**6.** *prendre*) le métro pour

aller au cimetière du Père Lachaise. Je _____ (**7.** *prendre*) beaucoup de photos

ce jour-là. Pendant mon séjour à Paris, il _____ (**8.** *souvent pleuvoir*) et

je _____ (**9.** *devoir*) m'abriter dans des cafés. Cela m'_____

(**10.** *permettre*) de faire la connaissance de plusieurs Parisiens. C'était un voyage inoubliable !

1B **Mettez les verbes au passé composé. Employez l'auxiliaire *avoir*. (Voir tableau 2.1.)**

1. (vous) danser _____

2. (on) rencontrer _____

3. (je) voyager _____

4. (tu) attendre _____

5. (il) vendre _____

6. (elles) répondre _____

7. (elle) grandir _____

8. (nous) réfléchir _____

9. (vous) finir _____

Mettez les verbes au passé composé. Employez l'auxiliaire *être*. (Voir tableau 2.1.)

10. (elle) venir _____

11. (elles) naître _____

12. (nous) sortir _____

13. (il) mourir _____

14. (on) rester _____

15. (tu) partir _____

16. (vous) tomber _____

17. (elle) entrer _____

18. (tu) descendre _____

Mettez les verbes au passé composé. Employez l'auxiliaire *avoir*. Attention aux participes passés qui ont une forme irrégulière ! (Voir appendice A.)

19. (je/j') avoir _____

20. (tu) être _____

21. (elle) courir _____

22. (il) tenir _____

23. (nous) suivre _____

24. (vous) couvrir _____

25. (ils) offrir _____

26. (elles) souffrir _____

27. (je) boire _____

28. (elle) croire _____

29. (on) lire _____

30. (nous) résoudre _____

31. (il) vivre _____

32. (je) faire _____

33. (elles) conduire _____

34. (tu) rire _____

35. (vous) dire _____

1C   **Donnez l'infinitif de chaque verbe.**

1. elle a pu _____

2. nous avons atteint _____

3. il a démissionné _____

4. tu as rougi _____

5. vous avez été _____

6. elles ont peint _____

7. elle a prédit _____

8. il s'est mépris _____

9. ils ont souri _____

10. vous avez eu _____

1D   **Récrivez les phrases suivantes au passé composé.**

1. Je dis la vérité.

_____

2. Nous voyons un film.

_____

3. Elle doit travailler.

_____

4. J'aperçois une ruelle.

_____

5. Pouvez-vous l'aider ?

_____

6. Il faut parler anglais ?

_____

7. Nous écrivons des lettres.

_____

8. Nous rions.

_____

9. Ce film vous plaît ?

_____

10. Vous voulez partir ?

_____

1E **Faites l'accord du participe passé s'il y a lieu. (Voir tableaux 2.4 et 2.5.)**

1. Nous sommes rentré _____ à minuit.

2. Elles sont arrivé _____ en retard.

3. Ils sont revenu _____ au Canada l'année dernière.

4. Vous êtes allé _____ au concert, Mesdames ?

5. Elle s'est cassé _____ la jambe en faisant du ski.

6. Elle s'est foulé _____ le pied en dansant.

7. Sa jambe ? Elle se l'est cassé _____ en faisant du ski.

8. Ses mains ? Elle se les est lavé _____ avant le repas.

9. Après cela, les années se sont succédé _____ dans le bonheur.

10. Ils se sont jeté _____ un coup d'œil complice.

11. Elles se sont écrit _____ pendant les grandes vacances.

12. Nous ne nous sommes pas vu _____ depuis cinq ans.

13. S'étant levé _____ trop tôt, la petite fille était fatiguée.

14. Les deux frères ne se sont jamais pardonné _____.

15. La robe que j'ai fait _____ faire est belle.

16. La voiture que vous avez fait _____ réparer est vieille.

17. Mme Dupont ? Je l'ai entendu _____ sortir il y a cinq minutes.

18. J'ai vu _____ ta sœur tomber sur la glace.

19. Quand elle a vu _____ ses amies arriver chez elle sans prévenir, elle s'est évanoui _____.

20. Combien de livres as-tu acheté _____ ?

21. Combien de films est-ce que Gérard Depardieu a tourné _____ entre 1960 et 1980 ?

22. J'en ai connu _____ de fort troublants.

23. Tu as pris des vitamines ? Oui, j'en ai pris _____.

24. La lettre de ton père ? Je n'y ai pas répondu _____.

25. Les réservations ? Je n'y ai pas pensé _____.

26. Avez-vous bien mangé _____, bien bu _____ ?

27. Ils n'ont pas reçu _____ la lettre que je leur ai écrit _____.

28. Vous ont-ils raconté _____ des histoires drôles ?

29. Quelle langue as-tu appris _____ au lycée ?

30. Laquelle as-tu appris _____ ?

31. Quelles méthodes a-t-il proposé _____ ?

32. Lesquelles a-t-il proposé _____ ?

33. La leçon que je n'ai pas compris _____ figurait à l'examen.

34. Lui a-t-il téléphoné _____ ?

35. Ta composition, l'as-tu fait _____ ?

36. Je leur ai donné _____ tous les renseignements nécessaires.

37. Je la lui ai donné _____.

38. Il s'est mis _____ à pleuvoir.

1F Mettez les phrases suivantes au passé composé et placez l'adverbe après l'auxiliaire mais avant le participe passé.

1. Tu remplis ton verre ? (déjà)

_____

2. Il pleut. (beaucoup)

_____

3. Vous mangez. (trop)

_____

4. Vous buvez. (assez)

_____

5. Nous visitons la France. (souvent)

_____

6. La secrétaire tape le document. (mal)

_____

7. Tu travailles ? (bien)

_____

8. Elle dort. (mal)

_____

9. Ils sont amis. (toujours)

_____

10. L'autre victime souffre. (moins)

_____

1G Mettez les verbes entre parenthèses au passé composé. Utilisez le bon auxiliaire.
(Voir tableau 2.2.)

1. Je _____ (sortir) la voiture du garage.

2. La reine _____ (descendre) l'escalier gracieusement.

3. Elle _____ (passer) par Paris cet été.

4. Nous _____ (sortir) avec nos cousins.

5. Tu _____ (rentrer) les chaises ? Une chance parce qu'il va pleuvoir !

6. Le porteur _____ (monter) nos valises.

7. Les deux voleurs _____ (monter) dans un taxi.

8. Il _____ (passer) une journée très difficile.

9. La gardienne _____ (sortir) le bébé ce matin.

10. Elle _____ (retourner) au Canada pour se marier.

11. Elle _____ (retourner) la nappe pour cacher les taches.

1H Mettez les phrases suivantes au passé composé.

1. Je ne mange rien. _____

2. Je ne bois rien. _____

3. Je ne vois personne. _____

4. Je ne sors jamais. _____

5. Je ne vais nulle part. _____

6. Je ne lis rien. _____

7. Je n'aime aucune émission de télévision. _____

_____

8. Rien d'intéressant ne m'arrive. _____

9. Personne ne m'aime. _____

10. Personne ne me téléphone. _____

1I Mettez les phrases suivantes à la forme interrogative. Utilisez l'inversion.
(Voir tableau 2.12.)

1. Il a mangé tous les petits pains.

_____

2. Elle leur a téléphoné pour prendre de leurs nouvelles.

_____

3. Elle lui a rendu visite la semaine dernière.

_____

4. Il a fait son lit ce matin avant de partir.

_____

5. On a soupçonné quelque chose de louche dans cette affaire.

_____

6. Il a invité certains de ses amis chez lui.

_____

7. On a parfois essayé de tricher.

_____

8. Il y a encore eu quelque chose à faire.

_____

9. On s'est trompé.

_____

10. Tu as eu peur.

_____

2 L'imparfait

2A　**Mettez les verbes à l'imparfait. (Voir tableau 2.7.)**

1. (nous) parler _____

2. (vous) laver _____

3. (tu) marcher _____

4. (elle) danser _____

5. (elles) rougir _____

6. (je) définir _____

7. (il) grandir _____

8. (nous) réfléchir _____

9. (tu) répondre _____

10. (il) attendre _____

11. (ils) pendre _____

12. (vous) prendre _____

13. (nous) être _____

14. (je/j') être _____

15. (vous) manger _____

16. (ils) faire _____

17. (nous) rire _____

18. (vous) étudier _____

19. (tu) croire _____

20. (nous) voir _____

21. (il) prononcer _____

22. (je/j') aller _____

23. (elles) venir _____

24. (elle) nager _____

25. (je) se détendre _____

26. (vous) vouloir _____

27. (tu) pouvoir _____

28. (il) se réveiller _____

29. (il) pleuvoir _____

30. (Il) neiger _____

31. (elles) avoir _____

32. (nous) boire _____

33. (tu) connaître _____

34. (elle) dire _____

35. (vous) écrire _____

2B **On utilise l'imparfait pour décrire une personne, une chose, un aspect. Mettez les verbes suivants à l'imparfait. (Voir tableau 2.8.)**

Le soir du meurtre, je/j' _____ (**1.** *être*) dans un café. Il _____
(**2.** *faire*) très froid dehors. Il _____ (**3.** *neiger*). Je/j' _____
(**4.** *avoir*) faim et je _____ (**5.** *vouloir*) manger, mais je
_____ (**6.** *ne pas avoir*) assez d'argent. Les trois autres clients
_____ (**7.** *manger*) et me _____(**8.** *regarder*) de temps en temps.
Moi je ne _____ (**9.** *boire*) qu'un chocolat chaud et je ne
_____ (**10.** *manger*) rien. Le café _____ (**11.** *être*) presque
vide ce soir-là, et le garçon _____ (**12.** *s'ennuyer*). Mais il _____
(**13.** *essayer*) quand même de trouver quelque chose à faire. Je l' _____
(**14.** *observer*) mais, évidemment, il _____ (**15.** *ne pas aimer*) ça.

2C **On utilise l'imparfait pour décrire un fait tel qu'il était dans le passé, sans indiquer le début ni la fin de l'état décrit. On utilise aussi l'imparfait pour décrire une action habituelle ou pour décrire comment étaient les choses à une certaine époque. Mettez les verbes suivants à l'imparfait. (Voir tableau 2.8.)**

1. Elle _____ (aimer) se promener sous la pluie.

2. À cette époque-là, nous _____ (vivre) dans une grande maison
   près de la mer.

3. Il _____ (pleuvoir) et elles _____ (ne pas avoir) envie de
   sortir.

4. Quand il _____ (être) petit, il _____ (se battre) souvent
   avec son frère.

5. Ils _____ (se sentir) fatigués.

6. Mes enfants _____ (ne pas manger) d'épinards quand ils
   _____ (être) jeunes.

7. Le dimanche, nous _____ (rendre visite) à mon oncle Eugène.

8. Elle _____ (s'entraîner) chaque jour pour les Jeux olympiques.

9. Je/J' _____ (étudier) tous les soirs à la bibliothèque.

10. Elle _____ (pleurer) chaque fois qu'elle _____ (penser)
    à sa mère.

11. C' _____ (être) le bon vieux temps. Nous_____
    (se voir) tous les jours, nous _____ (voyager) tous les étés ensemble et nous
    _____ (gagner) beaucoup d'argent.

2D On utilise l'imparfait pour décrire une action interrompue par une autre action. Mettez l'action qui est interrompue à l'imparfait et l'autre au passé composé. (Voir tableau 2.8.)

1. Je _____ (prendre) mon bain quand le téléphone _____ (sonner).

2. Lorsque nos parents _____ (arriver), nous _____ (manger).

3. Elle _____ (conduire) prudemment quand l'accident _____ (avoir) lieu.

4. Quand le voleur _____ (entrer) chez vous, vous _____ (dormir) ?

5. Il _____ (être) en train de s'endormir quand il _____ (entendre) l'explosion.

2E On utilise l'imparfait pour décrire ce qu'on pensait, surtout avec certains verbes comme *croire, penser, savoir, s'imaginer* et *sembler*. Mettez les verbes suivants à l'imparfait. (Voir tableau 2.8.)

1. Elles _____ (savoir) ce qu'elles _____ (vouloir) dès un très jeune âge.

2. Je _____ (croire) qu'il _____ (être) malade, car il _____ (avoir) le visage blême.

3. _____ (penser)-vous à cette époque-là que vous seriez un jour un chanteur célèbre ?

4. Il _____ (sembler) surpris par le respect inattendu que lui _____ (montrer) ses étudiants.

5. Elle _____ (s'imaginer) que toutes sortes de choses horribles _____ (pouvoir) lui arriver.

2F On emploie l'imparfait dans une phrase hypothétique introduite par *si* lorsque la proposition principale est au conditionnel présent. Complétez chaque phrase en employant l'imparfait. (Voir tableau 2.8.)

1. Si _____, je vivrais à Paris.

2. Si _____, j'irais chez le dentiste.

3. Si _____, j'achèterais une belle voiture de sport.

4. Si _____, je finirais mes études universitaires.

5. Si _____, je serais très triste.

2G On utilise l'imparfait avec les expressions *depuis, il y avait... que, cela/faisait... que* pour exprimer une action commencée avant une autre dans le passé, et qui continue au moment où la deuxième action a lieu. Mettez les verbes utilisés avec ces expressions à l'imparfait et les autres verbes au passé composé. (Voir tableau 2.8.)

1. Quand les rivières _____ (commencer) à déborder, il _____ (pleuvoir) depuis une semaine.

2. Cela faisait dix ans qu'elle l'_____ (aimer) quand elle lui

_____ (enfin déclarer) son amour.

3. Il y avait six mois que le patient _____ (souffrir) du cancer quand

les docteurs _____ (décider) de l'opérer.

4. Lorsqu'ils _____(déménager) à Vancouver, ils _____ (habiter) à

Edmonton depuis cinq ans.

5. Il n'y avait que six mois qu'ils se _____ (connaître) quand ils

_____ (se marier).

3 Le plus-que-parfait

3A Le plus-que-parfait est un temps composé formé de l'auxiliaire (*avoir* ou *être*) à l'imparfait suivi du participe passé. Mettez les verbes suivants au plus-que-parfait. (Voir tableau 2.10.)

1. (nous) amener _____

2. (elles) respecter _____

3. (vous) acheter _____

4. (il) s'agir _____

5. (tu) repartir _____

6. (il) sortir _____

7. (vous) entendre _____

8. (je) comprendre _____

9. (elles) devenir _____

10. (nous) boire _____

11. (il) avoir _____

12. (elles) rentrer _____

13. (il) neiger _____

14. (je/j') être _____

15. (tu) lire _____

16. (nous) rire _____

17. (elle) se laver _____

18. (il) s'en aller _____

19. (on) perdre _____

20. (vous) s'inquiéter _____

3B Le plus-que-parfait peut exprimer une action qui a eu lieu avant une autre action. Mettez au plus-que-parfait les verbes qui représentent une action logiquement antérieure. Mettez les autres verbes au passé composé. (Voir tableau 2.11.)

1. Quand nous _____ (se réveiller), nos invités

_____ (déjà partir).

2. Le fermier _____ (déjà se lever) quand le coq

_____ (chanter).

3. Quand je/j' _____ (quitter) la maison, je
_____ (se rendre compte) que je/j' _____
(laisser) mes clefs à l'intérieur.

3C **Le plus-que-parfait peut exprimer la cause d'une situation. Mettez les verbes au plus-que-parfait. (Voir tableau 2.11.)**

1. Il faisait froid dans la maison parce que nous _____ (oublier) de mettre le chauffage avant de partir.

2. Elle a glissé sur les marches parce qu'elle _____ (ne pas enlever) la neige.

3. Il a été arrêté, car il _____ (ne pas payer) l'amende.

3D **Le plus-que-parfait peut exprimer une action habituelle qui a eu lieu et qui précède une autre action habituelle. Mettez les verbes au plus-que-parfait. (Voir tableau 2.11.)**

1. Quand elle _____ (finir) ses courses, elle se dépêchait de rentrer.

2. Lorsqu'il _____ (nettoyer) la cuisine, il regardait les nouvelles à la télévision.

3. Quand mon frère _____ (se brosser) les dents, il allait se coucher.

3E **Le plus-que-parfait s'emploie dans une phrase hypothétique introduite par *si* lorsque la proposition principale est au conditionnel passé. Complétez chaque phrase en employant le plus-que-parfait. (Voir tableau 2.11.)**

1. Si _____, je serais venu(e) immédiatement.

2. Si _____, je ne l'aurais jamais aimé(e).

3. Si _____, j'aurais posé ma candidature.

4. Si _____, j'aurais quitté le Canada.

5. Si _____, je me serais marié(e).

3F **Complétez l'histoire suivante en mettant les verbes entre parenthèses au temps du passé (passé composé, imparfait ou plus-que-parfait) qui convient le mieux. C'est Amélie qui raconte l'histoire. (Voir tableaux 2.3, 2.8, 2.9 et 2.11.)**

Hier, je/j' _____ (**1.** *se coucher*) tôt parce que je/j' _____
(**2.** *être*) vraiment fatiguée. Je/j' _____ (**3.** *dormir*) profondément
quand un bruit effrayant provenant de la rue devant chez moi me/m'
_____ (**4.** *réveiller*). Je/J' _____ (**5.** *aller*) à ma
fenêtre pour voir ce qui _____ (**6.** *se passer*). En premier, je/j'
_____ (**7.** *ne rien voir*), mais en regardant plus à droite
je/j' _____ (**8.** *apercevoir*) une voiture, une vieille Peugeot, qui
_____ (**9.** *percuter*) un arbre près du trottoir. L'accident
_____ (**10.** *ne pas sembler*) très sérieux, mais je/j'
_____ (**11.** *décider*) d'appeler la police. Je/J' _____
(**12.** *aussi réveiller*) mon mari qui _____ (**13.** *rester*) endormi
pendant tout ce temps-là. Nous _____ (**14.** *sortir*) pour voir si on
_____ (**15.** *pouvoir*) aider la personne qui _____

(16. *avoir*) l'accident. Mais, arrivés dans la rue, nous _____
(17. *constater*) que des voisins _____ (18. *déjà sortir*) et
que la police _____ (19. *arriver*). Tout le monde, bien sûr,
_____ (20. *essayer*) d'aider le monsieur qui _____
(21. *avoir*) l'accident. Et comme il n'y _____ (22. *avoir*)
rien d'autre à faire et que le monsieur _____ (23. *ne pas être*) blessé,
nous _____ (24. *rentrer*) chez nous et nous
_____ (25. *se recoucher*).

4 Le passé simple

4A **Donnez le passé simple des verbes réguliers suivants. (Voir tableau 2.13.)**

    1. elle a cherché   _____

    2. nous sommes arrivés   _____

    3. il a marché   _____

    4. vous avez chanté   _____

    5. ils ont grandi   _____

    6. elle a réussi   _____

    7. nous avons rougi   _____

    8. on a diverti   _____

    9. nous avons répondu   _____

  10. elle a attendu   _____

4B **Donnez le passé simple des verbes irréguliers suivants. (Voir tableau 2.13.)**

    1. j'ai eu   _____

    2. elle est venue   _____

    3. on a mis   _____

    4. tu as fait   _____

    5. j'ai été   _____

    6. elle a su   _____

    7. on a répondu   _____

    8. elles ont offert   _____

    9. vous avez vu   _____

  10. tu as dit   _____

  11. nous avons bu   _____

  12. nous sommes nés   _____

  13. ils ont battu   _____

  14. elles sont mortes   _____

  15. j'ai écrit   _____

  16. nous avons vécu   _____

  17. il a voulu   _____

  18. elle a souffert   _____

  19. je suis allé   _____

  20. elle a cru   _____

4C   Conjuguez les verbes suivants au passé simple. (Voir appendice A.)

1. faire

je	_____	nous	_____
tu	_____	vous	_____
il/elle	_____	ils/elles	_____

2. être

je	_____	nous	_____
tu	_____	vous	_____
il/elle	_____	ils/elles	_____

3. avoir

je	_____	nous	_____
tu	_____	vous	_____
il/elle	_____	ils/elles	_____

4. prendre

je	_____	nous	_____
tu	_____	vous	_____
il/elle	_____	ils/elles	_____

4D   Mettez les verbes entre parenthèses au passé simple.

[…] Quand Daniel (**1.** *naître*), j'avais dix-huit ans. Je/j' (**2.** *acheter*) une quantité d'objets perfectionnés, baignoire pliante, chauffe-biberon à thermostat, stérilisateur. Je ne (**3.** *savoir*) jamais très bien m'en servir […] J'emmenais parfois Daniel dans les cafés ; on l'y regardait avec surprise : ce n'était pas encore la mode. Il (**4.** *être*) un bébé précurseur, un bébé hippie avant la lettre […].

À cinq ans, il (**5.** *manifester*) un précoce instinct de protection en criant dans le métro d'une voix suraiguë : « Laissez passer ma maman. » […] À neuf ans, nous (**6.** *avoir*) quelques conflits. Il (**7.** *refuser*) d'aller à l'école, de se laver et de manger du poisson. Un jour, je le (**8.** *plonger*) tout habillé dans une baignoire, un autre jour [son père] le (**9.** *porter*) sur son dos à l'école : il (**10.** *hurler*) tout le long du chemin. Ces essais éducatifs n' (**11.** *avoir*) aucun succès […].

À dix ans, au lycée, ayant reçu pour sujet de rédaction *Un beau souvenir*, il (**12.** *écrire*) ingénument : « Le plus beau souvenir de ma vie, c'est le mariage de mes parents. »

À quinze ans, il (**13.** *avoir*) une période yéyé. Nous (**14.** *collectionner*) les 45 tours […] Il (**15.** *jouer*) de la clarinette. Il (**16.** *boire*) un peu. À dix-sept ans, il (**17.** *être*) bouddhiste […]. Ses cheveux (**18.** *allonger*). À dix-huit ans, il passa son bac […]. Il (**19.** *faire*) 4 000 kilomètres en auto-stop, (**20.** *connaître*) les tribus du désert de Mauritanie, (**21.** *voir*) un éléphant en liberté, (**22.** *voyager*) couché à plat-ventre sur un wagon, […].

Il (**23.** *revenir*) pratiquement sans chaussures. Il (**24.** *raser*) ses cheveux et (**25.** *faire*) des Sciences économiques. Voilà la saga de Daniel.

Tiré de *La Maison de papier* de Françoise Mallet-Joris, © Éditions Grasset et Fasquelle, 1970, p. 92-94.

1. _____	13. _____
2. _____	14. _____
3. _____	15. _____
4. _____	16. _____
5. _____	17. _____
6. _____	18. _____
7. _____	19. _____
8. _____	20. _____
9. _____	21. _____
10. _____	22. _____
11. _____	23. _____
12. _____	24. _____

5 Traduction

5A Traduisez les phrases suivantes en français. Utilisez le passé composé (sauf indication contraire).

1. He made three mistakes before giving up.

_____

2. They wrote to each other for one year and then lost contact.

_____

3. We arrived just on time for the second show.

_____

4. Snow White ate the poisoned apple and she fell asleep. (passé simple)

_____

5. I was not able to come to your party.

_____

6. I must have left my wallet on the bus.

_____

7. She tried on the dress but decided not to buy it.

_____

8. When he stood up, he spilled his coffee.

_____

9. We moved in the spring of 2003.

_____

10. He turned over the steak.

_____

11. I met her in London at the market.

_____

12. She fell down and broke her ankle.

_____

13. When he arrived home, he got a big surprise.

14. Did you eat before coming? (forme *tu*)

15. Did you have to go to the hospital for your migraine? (forme *vous*)

5B **Le plus-que-parfait après *si* peut exprimer le regret. Traduisez les phrases suivantes en français. (Voir tableau 2.11.)**

1. If only I had finished on time ...

2. If only she had known ...

3. If only he had stayed home ...

4. If only you had forgiven him ...

5. If only they had studied ...

5C **Le plus-que-parfait est utilisé avec *depuis* pour exprimer une action négative qui a débuté dans le passé avant une autre action dans le passé. Traduisez les phrases suivantes en français. (Voir tableau 2.11.)**

1. They had not written or phoned in two years when they called.

2. Mary had not pronounced a word of French in ten years when she began her course.

3. The poet had not written a single poem in four years when he began his masterpiece.

5D **Traduisez les phrases suivantes en français.**

1. I was going to tell you that I could not come.

2. Conflicts between bosses and workers were going to become a chronic problem in the second half of the 19th century.

3. We had just eaten when he arrived.

4. She had just finished her homework.

5. I was doing the dishes while she was sleeping.

6. We didn't know what time it was.

7. She used to visit her aunt every Friday.

8. How about going shopping this afternoon?

9. I would scream when my brother would show me a big spider.

10. They looked tired when I saw them.

5E Traduisez les phrases suivantes en français.

1. He used to phone me every evening.

2. When I was young, I liked to skate on the pond.

3. She spoke continually about her children.

4. I often went to the mountains to relax.

5. She was often ill during her pregnancy.

5F Attention aux différences entre la langue française et la langue anglaise en ce qui concerne le plus-que-parfait. Traduisez les phrases suivantes en français. (Voir tableau 2.15.)

1. She sent back the parcel they sent her.

2. I thought you lost your keys.

3. My mother still had the letters my father wrote to her when they were in high school.

6 Correction

6A Déterminez si l'accord des participes passés est correct (C) ou incorrect (I). S'il y a une erreur, corrigez-la et expliquez votre correction. (Voir tableau 2.18.)

1. Ils vont rénover la maison qu'ils ont achetés.   C   I

2. Je ne sais pas ce qu'ils ont fait.   C   I

3. Elles sont allés faire une promenade au bord de la rivière.   C   I

4. Ils se sont téléphoné plusieurs fois ce jour-là.   C   I

5. Isabelle et Paul se sont rencontré en bavardant sur un site de chat.   C   I

6B **Corrigez les phrases suivantes et expliquez vos corrections. (Voir tableau 2.18.)**

1. Elle a compris mon attitude est elle et revenu vers moi. (3 fautes)

2. Marlene s'est éloigné de sa meilleur amie. (2 fautes)

3. Tous mes efforts n'ont servis a rien. (2 fautes)

4. Dans ces cas-là, ça ne sert a rien d'insisté. (2 fautes)

5. As-tu lu la biographie de Louis Riel que Chester Brown a écrit ? (1 faute)

7 Expression écrite

7A **Complétez le passage en utilisant les mots de la liste ci-dessous.**

à ce moment-là	*tout à coup*	*ce matin-là*
pendant	*pourtant*	*mais*
un peu plus tard	*de nouveau*	*enfin*

_____ (1) je me suis réveillé avec l'intention d'aller à la plage et de me baigner. Je me suis habillé et je suis descendu à la cuisine.

_____ (2) le petit déjeuner, mon patron m'a téléphoné pour voir si je pouvais aller au travail _____ (3). J'ai refusé poliment en disant que j'avais d'autres projets. _____ (4) ma femme est entrée dans la cuisine pour me demander si je pouvais l'aider à peindre les murs. _____ (5) j'ai refusé poliment en disant que j'avais d'autres projets. Elle est partie, furieuse, et j'ai poussé un soupir de soulagement. J'ai pris mon maillot de bain et une grande serviette et je m'apprêtais à partir. Mais, _____ (6) j'ai entendu un bruit atroce qui venait du jardin situé derrière la maison. J'ai couru vers le bruit _____ (7) je n'ai rien vu. _____ (8), les gémissements continuaient. Ils semblaient venir du garage. J'ai donc ouvert la porte et j'ai tout de suite vu ce qui se passait. Notre chien avait été attaqué par notre chat. Le pauvre chien tremblait et il avait le museau qui saignait un peu. Je suis _____ (9) parti pour la plage avec le chien, qui, maintenant, refusait de me quitter.

7B **Faites des phrases qui illustrent bien l'emploi des mots entre parenthèses.**

1. (par ailleurs) _____

2. (car) _____

3. (grâce à) _____

4. (dans la mesure où) _____

5. (toutefois) _____

6. (d'une part… d'autre part) _____

_____

_____

7. (par exemple) _____

8. (néanmoins) _____

7C   On utilise l'imparfait après la conjonction *si* pour proposer quelque chose à quelqu'un. Proposez à votre meilleur(e) ami(e) cinq choses à faire ce soir.

1. _____

2. _____

3. _____

4. _____

5. _____

7D   Faites cinq phrases qui illustrent chacune un emploi particulier de l'imparfait.

1. _____

2. _____

3. _____

4. _____

5. _____

7E   Faites cinq phrases qui illustrent chacune un emploi particulier du passé composé.

1. _____

2. _____

3. _____

4. _____

5. _____

7F   Composez de petits paragraphes avec les éléments indiqués.

1.   (d'abord, ensuite, enfin)

_____

_____

_____

_____

_____

2.   (en premier lieu, par ailleurs, en outre, ainsi)

_____

_____

_____

_____

_____

_____

3. (d'abord, *aller* + infinitif, puis, *aller* + infinitif, enfin, *aller* + infinitif)

_____

_____

_____

_____

_____

7G Écrivez une petite composition dans laquelle vous racontez votre souvenir le plus cher. Rédigez votre texte en utilisant le passé composé et l'imparfait.

_____

_____

_____

_____

_____

_____

_____

_____

_____

Vocabulaire

Lecture

Mon bac sur 2 continents (article) avec questions de compréhension

Grammaire

Vocabulaire

Exercice 1 : Phrases à compléter

Remplissez les tirets par un mot de la liste ci-dessous. Vous ne devez pas utiliser le même mot plus d'une fois.

se spécialiser en – passer – enseigner – suivre – bénévole – bénéfice – brevet – l'alternance – crèche – une institutrice – un éducateur – réussir à

1. Lucie ne va pas _____ des cours d'histoire cette année. Elle a décidé qu'elle voulait _____ mathématiques.

2. Si elle _____ cet examen, elle obtiendra son _____ d'enseignement au mois de juin. Elle pourra donc commencer à _____ au mois de septembre.

3. Dans cette _____ privée, il y a _____ de jeunes enfants qui s'occupe du programme de chaque trimestre.

4. Elle va _____ les examens du bac cette année.

5. Le programme Grands Pas est un programme _____ : les étudiants ne sont pas obligés d'y participer.

Exercice 2 : Mots de la même famille

Remplissez le tableau suivant en relisant bien le vocabulaire du chapitre 3.

verbe	nom abstrait (avec l'article)	nom de personne (m. et f.)
1. enseigner		
2.		un(e) apprenant(e)
3. conseiller		
4.	la titularisation	
5. se spécialiser		

Exercice 3 : Phrases à composer

Composez une phrase d'au moins huit mots en utilisant les éléments donnés et en suivant les consignes entre parenthèses.

1. échouer à (mettre au passé composé)

_____

2. délinquant (mettre au pluriel)

_____

3. étudier (mettre au présent de l'indicatif)

_____

4. s'apprivoiser (mettre au passé composé)

_____

5. être diplômé (mettre au présent de l'indicatif)

_____

Exercice 4 : Définitions

Répondez aux questions suivantes en donnant une définition ou une explication.

1. Qu'est-ce que le bac en France ?

_____

_____

2. Un instituteur enseigne dans quel type d'école ?

_____

_____

3. Qu'est-ce qu'un éducateur de jeunes enfants ?

_____

_____

4. Qu'est-ce que l'alternance ?

_____

_____

5. Que veut dire passer un examen ?

_____

_____

Lisez le texte ci-dessous puis répondez aux questions de compréhension.

Mon bac sur deux continents !

Étudier à Sydney, Londres ou Tokyo, c'est désormais à la portée des jeunes Québécois. Et ils sont de plus en plus nombreux à partir. Pas besoin d'être « **bollé** », mais mieux vaut être motivé et savoir parler l'anglais !

Jeans pré-usés japonais, polo français et veste de montagne québécoise : Alexandre Cooper, 24 ans, est un étudiant sans frontières jusque dans son style. Après un bac en **génie** physique à Polytechnique Montréal et à Polytechnique Paris, suivi d'une maîtrise en génie nucléaire à l'Université de Tokyo, le voilà au Massachusetts Institute of Technology (MIT), à Boston, pour y faire un doctorat. « Étudier à l'étranger est l'expérience la plus stimulante qui soit, dit-il avec un accent pointu qu'il a gardé de ses deux années en France. En s'adaptant à de nouveaux environnements, on apprend à mieux se connaître. Et à se remettre en question. » [...]

À l'ère de la **mondialisation**, les universités québécoises ont compris l'importance de s'ouvrir à l'international en accueillant davantage de jeunes de l'extérieur du pays (ils étaient 22 504 en 2008, dont 6 950 Français) et en expédiant leurs étudiants partout sur la planète. Chaque université dispose d'un « bureau international » qui promeut les séjours d'études à l'étranger, sélectionne les candidats et les aide à préparer leur départ. Objectif : former des citoyens du monde multilingues, outillés de solides compétences interculturelles et capables d'occuper des emplois exigeant de traiter avec des partenaires internationaux.

La tendance est mondiale. Selon la plus récente étude de l'OCDE sur le sujet - *EduGlance,* septembre 2010 -, 3,3 millions d'étudiants étaient en « mobilité internationale » en 2008, soit 10,7 % de plus qu'en 2007. (Ils étaient un million en 1980.) L'Allemagne, l'Australie, les États-Unis, la France et le Royaume-Uni en accueillent à eux cinq, plus de la moitié. Les États-Unis se taillent encore la part du lion (19 %), mais de nouvelles destinations ont commencé à la **gruger** : en Australie, en Nouvelle-Zélande et en République tchèque, le nombre d'étudiants étrangers a plus que doublé depuis 2000. Le Canada en accueille 6 %. [...]

Divers facteurs ont contribué à cette explosion, depuis la démocratisation des prix du transport jusqu'aux nouveaux moyens de communication en passant par les politiques incitatives mises en place par plusieurs pays, notamment dans le contexte de la construction européenne. Lancé en 1987, le programme Erasmus (European Region Action Scheme for the Mobility of University Students) - qui a inspiré le savoureux film hispano-français *L'auberge espagnole,* de Cédric Klapisch, en 2002 - a permis à plus de deux millions d'étudiants de participer à des échanges universitaires entre pays européens partenaires (depuis 2004, Erasmus Mundus attribue aussi des bourses aux étudiants non européens, entre autres aux Canadiens). [...]

2 Globe-trotteurs témoignent

Julie-Mélissa Picard, 25 ans
Université du Québec en Abitibi-Témiscamingue : bac en sciences infirmières. Stage de cinq semaines au Sénégal, 2009.

« Nous avons eu un an pour nous préparer à ce stage dans la région de Tiaré, à six heures de route de Dakar. Sur place, il a fallu s'adapter. Au Québec, on a l'habitude de travailler avec une multitude d'appareils. Là-bas, il n'y en a pas : on devait observer les patients, ce qui **aiguise** le diagnostic clinique. Autre contraste : certains patients devaient faire 20 km à pied, en pleine chaleur, pour aller au dispensaire et, une fois sur place, attendre jusqu'à 24 heures avant d'être vus en consultation. Et ils étaient encore calmes et souriants. Rien à voir avec les urgences des hôpitaux québécois ! J'ai aimé le contact direct avec la culture, les gens, leur quotidien. Ce voyage m'a confirmée dans mon intention de travailler dans le domaine humanitaire en Afrique. »

Gabriel Marcotte, 24 ans
Université du Québec en Abitibi-Témiscamingue : bac en création en multimédia interactif. Un an à l'Institut supérieur des arts multimédias, Université de la Manouba, Tunisie, 2009-2010.

« Mon premier choc a été de découvrir que mon université était encore en construction et que le système informatique et les logiciels dataient déjà de quelques années. Il était difficile de se concentrer dans les classes, où tout le monde hurlait, faisait jouer de la musique. Quand ils n'étaient pas absents, les profs essayaient de faire régner la discipline, de sorte qu'on perdait du temps, et ils ne se gênaient pas pour personnaliser les échanges, mentionner les réussites et les échecs à voix haute. Il n'y avait pas d'association étudiante sur le campus et il était interdit d'émettre une opinion sur l'université. La seule campagne de mobilisation que j'ai vue visait l'amélioration de résidences étudiantes **insalubres**. Ceux qui appuyaient cette cause ont été arrêtés et je ne les ai jamais revus. Au final, cette expérience m'a **mûri** et rendu plus **débrouillard**, plus tolérant. » […]

Extrait d'un article par Isabelle Grégoire, 15 novembre 2010 - L'Actualité (www.lactualite.com)

Vocabulaire pour la compréhension

bollé : (fam.) intelligent

génie — *engineering*

mondialisation — *globalisation*

gruger : manger — *to eat in to something*

aiguise : (v. aiguiser) — *to sharpen*

insalubres : qui ne sont pas propres et dans un mauvais état

mûri : (v. murir), rendre plus mûr, mature

débrouillard : qui sait se débrouiller, se tirer d'embarras — *able to manage, to sort something out*

Compréhension globale

1. Quelles sont les qualités requises pour partir étudier à l'étranger ?

    a) Intelligence

    b) Sympathie

    c) Bilinguisme

    d) Motivation

2. Les universités québécoises s'ouvrent à l'international en…

    a) augmentant le nombre d'immigrants chaque année.

    b) envoyant leurs étudiants partout dans le monde et en recevant des jeunes d'autres pays.

    c) sélectionnant des candidats pour étudier à l'étranger.

    d) s'adaptant à de nouveaux environnements.

3. Selon les chiffres qui disent que la tendance de partir est mondiale,...

   a) il y a trois fois plus d'étudiants qui partent à l'étranger aujourd'hui (comparé à il y a 30 ans).

   b) il y a moins d'étudiants qui sont partis en 2008 que 2007.

   c) l'Australie et la Nouvelle-Zélande n'ont pas beaucoup de succès comparé aux États-Unis.

   d) le Canada attire presque 19 % des étudiants étrangers.

4. Parmi les facteurs qui ont contribué à cette explosion, on peut citer :

   a) les politiques créées dans plusieurs pays d'Europe

   b) le film *L'auberge espagnole* de Cédric Klapisch

   c) les prix du transport qui sont devenus plus abordables

   d) les étudiants non-européens

5. En lisant les témoignages de deux globe-trotteurs, on apprend...

   a) que les expériences citées ont toutes été positives.

   b) que les universités étrangères sont mieux organisées que celles du Canada.

   c) qu'il faut avoir des qualités d'adaptation.

   d) que cela ne vaut pas la peine de partir étudier à l'étranger.

Compréhension détaillée

1. Expliquez la phrase « Alexandre Cooper, 24 ans, est un étudiant sans frontières jusque dans son style ».

   _____

   _____

   _____

2. Pourquoi chaque université québécoise dispose-t-elle d'un bureau international et que veut-on faire en envoyant les jeunes Québécois à l'étranger ?

   _____

   _____

   _____

3. Quels pays accueillent plus de 1,5 millions d'étudiants ?

   _____

   _____

   _____

4. Pourquoi Julie-Mélissa Picard dit-elle qu'il a fallu s'adapter pendant son stage de cinq semaines au Sénégal ?

   _____

   _____

   _____

5. L'expérience de Gabriel Marcotte semble plutôt négative mais il avoue que l'expérience l'a mûri et rendu plus débrouillard. Pouvez-vous imaginer comment ?

   _____

   _____

   _____

Réflexion et discussion

1. Avez-vous déjà songé à faire votre bac sur deux continents ? Êtes-vous parti(e) (allez-vous partir) étudier à l'étranger ? Quels sont les facteurs qui vous encourageraient (ou décourageraient) de partir ?

_____

_____

_____

_____

2. Pouvez-vous citer un exemple de comment les nouveaux moyens de communication ont contribué à l'explosion du nombre de jeunes qui font leurs études sur deux continents ? Expliquez.

_____

_____

_____

_____

Grammaire

Que sais-je ?

Indiquez la bonne réponse et expliquez votre choix.

1. La catégorie des déterminants regroupe...

   ____ a) tous les verbes.

   ____ b) les noms et les adverbes.

   ____ c) les articles ainsi que les adjectifs possessifs, démonstratifs et indéfinis.

2. On utilise l'article partitif (*du, de la, de l'*)...

   ____ a) devant un nom propre.

   ____ b) pour indiquer une certaine quantité de quelque chose.

   ____ c) pour mettre l'accent sur quelque chose.

3. L'article défini *l'* peut remplacer...

   ____ a) les articles *le* et *la* devant une voyelle ou un *h* muet.

   ____ b) l'article *les* devant une voyelle ou un *h* muet.

   ____ c) les articles *le* et *la* devant un *h* aspiré.

4. L'adjectif possessif (*mon, ma, mes, ton, ta, tes*, etc.)...

   ____ a) suit le nom qu'il modifie.

   ____ b) se place avant ou après le nom qu'il modifie.

   ____ c) précède le nom qu'il modifie.

5. L'adjectif démonstratif (*ce, cet, cette, ces*)…

____ a) s'accorde en genre et en nombre avec le nom qui le suit.

____ b) s'accorde en genre et en nombre avec le nom qui le précède.

____ c) s'accorde en genre et en nombre avec le sujet de la phrase.

6. L'article partitif (*du, de la, de l'*) veut dire, en anglais…

____ a) *the*.

____ b) *a* ou *an*.

____ c) *some*.

1 Les articles

1A Mettez l'article défini qui convient et dites s'il s'agit d'un *h* aspiré (A) ou d'un *h* muet (M). (Voir tableau 3.1 et appendice H.)

1. _____ hausse	8. _____ hockey
2. _____ humour	9. _____ héros
3. _____ humeur	10. _____ héroïne
4. _____ Hollande	11. _____ hâte
5. _____ habit	12. _____ harpe
6. _____ herbe	13. _____ histoires
7. _____ hanche	14. _____ homards

1B Composez des phrases au présent avec les éléments indiqués. Incorporez les articles et les prépositions qui manquent et n'oubliez pas de faire les contractions nécessaires. Ajoutez également la ponctuation et les majuscules appropriées. (Voir tableaux 3.2 et 3.3.)

1. professeur/donner/un examen/étudiants

_____

2. nous/parler/médecin/à propos de/ces médicaments

_____

3. elle/travailler/samedi/depuis un an

_____

4. enfant/avoir peur de/chiens

_____

5. ils/parler/français/maison/et/étudier/latin/université

_____

6. mon anniversaire/être/4 janvier

_____

7. livre/que/je/préférer/appartenir/Mme Lalonde

_____

8. elles/visiter/France/Suisse/et/Mexique

_____

9. cette année/taux de chômage/augmenter

_____

10. avant/se coucher/faut/se brosser/dents

_____

11. jeudi/prochain/nous/aller/bibliothèque

_____

12. nouvelle année/commencer/1er janvier

_____

13. elle/porter/robe/manteau/et/souliers/que/elle/aimer

_____

14. nous/aller/États-Unis

_____

15. nous/profiter/expérience

_____

16. lait/coûter/cinq francs/litre

_____

17. je/se laver/mains

_____

18. Loire/être/plus long fleuve/France

_____

19. voilà/plus belle fille/monde

_____

20. je/aller/vous voir/mardi/avant mon départ

_____

1C Dites si le mot *de* est un article indéfini ou une préposition. (Voir tableau 3.4.)

1. Elle a acheté **de** belles chaussures.
2. **De** nombreux étudiants ont raté leurs examens cette année.
3. Au fond **de** mon cœur, je suis lâche.
4. On a installé notre table au bord **de** l'eau.
5. Elle racontait **de** bonnes anecdotes.

Dites si le mot *des* est un article indéfini ou un article défini contracté (préposition *de + les*). (Voir tableaux 3.2 et 3.4.)

6. Avez-vous besoin **des** livres qui sont sur la table ?
7. **Des** enfants couraient dans la rue.
8. Il a peur **des** chiens et **des** chats.
9. L'être humain a **des** qualités et **des** défauts.
10. Le vendredi, je participe à **des** séminaires intéressants.

1D Expliquez l'absence de l'article défini dans la partie soulignée de la phrase. (Voir tableau 3.8.)

1. Je reviens <u>de Paris</u>.

2. Il est sorti <u>sans manteau</u>.

3. Elle a envie d'aller <u>en France</u>.

4. Il m'a embrassée <u>avec passion</u>.

5. Je dois <u>beaucoup d'argent</u> à mes parents.

6. Mon mari a trouvé mon <u>livre de français</u>.

7. Le jardin était <u>entouré d'arbres</u>.

8. Marie-Antoinette, <u>dernière reine</u> de France avant la Révolution, a été guillotinée en 1793.

9. Vous n'avez <u>plus d'argent</u> ?

10. Ma ville préférée ? <u>C'est Vancouver</u>.

1E L'article partitif s'emploie pour désigner les qualités abstraites que l'on ne peut pas compter. Traduisez les phrases suivantes en français en utilisant l'article partitif. (Voir tableaux 3.5 et 3.7.)

Ex. She has personality.   = Elle a de la personnalité.

1. They are ambitious.   = _____

2. We are courageous.   = _____

3. She is patient.   = _____

4. I have talent.   = _____

5. He is lucky.   = _____

Récrivez les cinq phrases ci-dessus à la forme négative en faisant attention au changement de l'article. (Voir tableau 3.6.)

Ex. She doesn't have any personality.   = Elle n'a pas *de* personnalité.

1. They aren't ambitious.   = _____

2. We aren't courageous.   = _____

3. She isn't patient.   = _____

4. I don't have any talent. = _____

5. He isn't lucky.   = _____

2 Les adjectifs démonstratifs

2A Mettez l'adjectif démonstratif qui convient. N'oubliez pas qu'il s'accorde en genre (au singulier) et en nombre avec le nom qu'il détermine. (Voir tableau 3.10.)

1. _____ patineur   6. _____ homme

2. _____ glace   7. _____ joueur

3. _____ spectateurs   8. _____ équipes

4. _____ match   9. _____ arbitres

5. _____ entraîneurs   10. _____ rondelle

2B Les adjectifs démonstratifs s'emploient souvent avec les particules suffixes *-ci* et *-là*. Ajoutez le suffixe qui convient. (Voir tableau 3.12.)

1. Je voudrais acheter une nouvelle voiture ; cette voiture-_____ est trop vieille.

2. À cette époque-_____, elle était enceinte de son troisième enfant.

3. Nous avons déjà lu ce poème-_____ ; alors choisissons ce poème-_____.

4. Ces appartements-_____ sont plus modernes que ces appartements-_____.

5. À ce moment-_____, la France faisait la guerre contre l'Allemagne.

3 Les adjectifs possessifs

3A Mettez l'adjectif possessif qui convient. N'oubliez pas qu'il s'accorde avec le nom qui suit et non avec le possesseur. (Voir tableau 3.11.)

1. J'ai perdu _____ portefeuille hier.

2. _____ sœur rentre des États-Unis ce soir. (La sœur de Charles)

3. Gilles Vigneault a composé une chanson qui s'intitule « _____ pays ».

4. Paul, quel est _____ numéro de téléphone ?

5. Est-ce qu'ils ont _____ carte d'identité avec eux ?

6. Nous allons rendre visite à _____ cousins cet été.

7. Nous ne pouvons pas croire _____ histoire, Monsieur.

8. As-tu remarqué _____ rides ? J'en avais moins avant.

9. Ils vont laisser _____ chien chez _____ voisins.

10. _____ parents m'ont donné un peu plus d'argent de poche ce mois-ci.

3B On utilise l'adjectif possessif si la partie du corps (le vêtement ou l'objet) est qualifiée par un adjectif autre que *droit* ou *gauche*. Choisissez entre l'article défini (forme contractée s'il y a lieu) et l'adjectif possessif. (Voir tableau 3.13.)

1. Elle a ouvert _____ beaux yeux verts.

2. Le docteur m'a demandé d'ouvrir _____ bouche, de baisser _____ tête et de fermer _____ yeux.

3. Levez _____ main si vous savez la bonne réponse.

4. Il s'est cassé _____ bras.

5. Il s'est cassé _____ bras gauche.

6. Sa mère lui a coupé _____ cheveux.

7. Elle s'est blessée _____ jolie petite main.

8. Je ne lui ai pas serré _____ main.

9. Je me suis coupé _____ doigt.

10. J'ai mal à _____ tête.

11. Elle s'est blessé _____ dos ?

12. Elle lui a pris _____ bras.

3C On utilise l'adjectif possessif s'il s'agit d'une action (d'un geste ou d'un mouvement) exercée sur un vêtement. Complétez les phrases suivantes avec la bonne forme de l'adjectif possessif.

1. Elle a déchiré _____ chemise.

2. Elle a mis _____ chaussettes neuves.

3. Il ne peut pas enlever _____ chandail.

4. Il a retroussé _____ manches.

3D Transformez chaque phrase en utilisant l'adjectif possessif qui convient.

1. C'est le bracelet de Michèle. → C'est _____ bracelet.

2. C'est le château de la baronne Flandrin. → C'est _____ château.

3. C'est la voiture de Monsieur Leblanc. → C'est _____ voiture.

4. C'est la copine de Jean. → C'est _____ copine.

4 Traduction

4A Traduisez les phrases suivantes en français. (Voir tableau 3.9.)

1. She is a doctor.

   _____

2. We always visit France when we go to Europe.

   _____

3. Life is short.

   _____

4. I play baseball on Saturdays.

   _____

5. The front of the building doesn't have any windows.

   _____

6. I don't have any sisters.

   _____

7. We have a dog, a cat, and a horse.

   _____

8. I like soup, salad, and vegetables.

   _____

9. Here are some beautiful roses.

   _____

10. The professor's remarks are interesting.

    _____

11. I have some work to do for tomorrow.

12. Do you have some change?

13. I'm taking courses in biology, math, and French this year.

14. They never have any money.

15. You are all winners.

16. I need a cup of flour to make this cake.

17. We had a lot of friends in those days.

18. The field was covered with snow.

19. We talked about the past.

20. Do you know how to play chess?

4B La particule *-là* peut marquer l'indignation ou l'appréciation. Traduisez les phrases suivantes en français en employant cette particule.

1. That cheese is delicious!

2. That child drives me crazy!

3. That dress looks so good on you!

4C Traduisez les phrases suivantes en français. Attention ! Il s'agit d'expressions idiomatiques.

1. That's enough!

2. Besides that, everything is going well.

3. In the morning, I only drink one cup of coffee.

4. I don't care. Do as you like.

5. It's all the same to me.

4D Traduisez les phrases suivantes en français en utilisant un ou plusieurs adjectifs possessifs. (Voir tableau 3.14.)

1. She lost her husband, her sister, and her best friend during the war.

2. They had to sell their house, their car, and their books when they went bankrupt.

3. At the police station, I was asked to write my name, address, and phone number on the form.

5 Correction

5A Indiquez si l'on met *ses* ou *ces*. (Voir tableau 3.17.)

1. On attribue _____ bourses aux étudiants étrangers.
2. Les candidat(e)s à _____ postes ont au moins un diplôme universitaire.
3. L'institutrice de 3e et _____ élèves ont passé la matinée au Musée canadien des civilisations.
4. Elle a fait _____ études en Alberta.
5. _____ professions exigent de longues études.

5B Indiquez si l'on met *c'* ou *s'*. (Voir tableau 3.17.)

1. À l'université, Ibrahim _____ est spécialisé en informatique.
2. _____ est vrai ce que tu dis.
3. Oui, _____ est elle qui me l'a dit.
4. Nous ne savons pas si elle _____ est inscrite à ce programme.
5. On ne _____ habitue pas facilement à cette chaleur.

5C Indiquez si l'on met *son* ou *sont*. (Voir tableau 3.17.)

1. À _____ âge, il a encore le temps de décider ce qu'il voudra faire.

2. Ce _____ des cours pour adultes.

3. On ne sait absolument pas où ils _____ partis.

4. Elles ne se _____ pas rendu compte qu'il fallait payer un droit d'entrée.

5. Claire et _____ amie ont fait un stage d'immersion en Chine.

6 Expression écrite

6A Trouvez les fautes commises dans les phrases suivantes et corrigez-les.

1. Il y a beaucoup des hôtels dans cet village. (2 fautes)

2. Madame Latour est la patronne plus méchante de la monde. (2 fautes)

3. D'habitude, on va se baigner jeudi et samedi. (2 fautes)

4. Je joue souvent du tennis et du golf. (2 fautes)

5. Elle vient de trouver la adresse de sa amie. (2 fautes)

6B Composez des phrases incorporant les éléments donnés.

1. (sujet/*ne*/verbe au présent/*pas de*/nom composé)

_____

_____

2. (sujet/*être en train de*/infinitif/article partitif/nom)

_____

_____

3. (*il y a trop de*/nom/*dans*/article défini/nom)

_____

_____

6C Rédigez un texte entre 100 et 120 mots dans lequel vous parlez d'un domaine de spécialisation, éventuellement le vôtre. Utilisez des phrases d'introduction telles que : *Cette année, je me spécialise en… ; Je suis deux cours de… ; Mon sujet préféré, c'est… ; Pour obtenir les qualifications nécessaires, il faut…*, etc.

_____

_____

_____

_____

_____

_____

_____

_____

_____

_____

_____

_____

_____

_____

Vocabulaire

Lecture

Tous surveillés au doigt et à l'œil (article) avec questions de compréhension

Grammaire

Vocabulaire

Exercice 1 : Synonymes

Trouvez un synonyme ou une expression équivalente pour les mots soulignés.

1. C'est une entreprise <u>à succès</u>. = C'est une entreprise _____

2. Elles <u>sont parties de rien</u>. = Elles _____

3. Ils ont <u>recueilli de l'information</u>. = Ils ont _____

4. Nous avons <u>supprimé</u> ce document. = Nous avons _____

5. C'est un ordinateur <u>qui coûte cher</u>. = C'est un ordinateur _____

Exercice 2 : Mots de la même famille

Trouvez le verbe qui correspond à chacun des mots suivants.

1. un échec ⟶ _____

2. un réseau ⟶ _____

3. un prêt ⟶ _____

4. une vente ⟶ _____

5. une création ⟶ _____

6. un départ ⟶ _____

7. la méfiance ⟶ _____

8. une dépendance ⟶ _____

9. la construction ⟶ _____

10. le téléchargement ⟶ _____

Exercice 3 : Traduction

Traduisez les phrases suivantes en français. Les équivalents français des mots en italique se trouvent dans le vocabulaire du chapitre 4.

1. He loves to *surf the Net*.

_____

2. They *made their name* in less than a year.

_____

3. She obtained *a loan*.

_____

4. Education has evolved in the *digital era*.

_____

5. *Piracy* continues to be a problem in the entertainment industry.

_____

Exercice 4 : Définitions

Expliquez, avec vos propres mots (en français), les expressions suivantes construites avec le verbe « faire ». Utilisez un dictionnaire au besoin.

1. faire preuve de   = _____

2. faire sa marque   = _____

3. faire faillite   = _____

4. faire naufrage   = _____

5. faire plaisir à   = _____

Lecture

Lisez le texte ci-dessous puis répondez aux questions de compréhension. Cherchez le sens des mots en caractères gras dans un dictionnaire bilingue.

Tous surveillés au doigt et à l'œil

Déjà mise en place pour sécuriser l'accès à des sites sensibles, la puce biométrique équipera d'ici à 2006 les prochains passeports. Une avance technologique qui n'est pas sans danger !

Êtes-vous réellement vous-même ? Pour le prouver aux **douaniers** lorsque vous voyagez à l'étranger, il faudra bientôt disposer d'un nouveau passeport, capable de stocker vos données « ou biométriques ».

Empreinte digitale, forme de la paume de la main, iris de l'œil . . . d'ici deux-trois ans, toutes ces données spécifiques à chaque individu seront enregistrées sur une **puce** qui permettra de vous identifier. Très en vogue depuis quelques années, notamment pour sécuriser l'accès à des sites sensibles comme les centrales nucléaires, la biométrie a fait son apparition dans le domaine de la sécurité frontalière après les attentats du 11 septembre à New York. Pour entrer aux États-Unis, il faudra soit disposer d'un passeport équipé de cette puce, soit obtenir un visa biométrique auprès de l'Ambassade des USA.

La biométrie offre deux types de vérification. En premier lieu, elle permet de vérifier que vous êtes bien la personne que vous prétendez être. Pour cela, il suffit de comparer le fond de votre œil avec les données stockées sur la puce de votre passeport. On peut aussi comparer les données fraîchement recueillies avec celles enregistrées **au préalable** sur une base de données informatique, et s'assurer ainsi que vous n'êtes pas un dangereux terroriste ni une personne indésirable sur le territoire.

Apprendre **le boulot** du douanier à une machine est un véritable tour de force. Car, contrairement à l'homme, qui excelle dans la reconnaissance des formes, l'ordinateur est lui incapable de comparer directement deux motifs. Il faut donc user de **subterfuges**. Concrètement, la partie du corps à identifier est photographiée avec une petite caméra. Puis un programme de calcul extrait les points caractéristiques de cette image. S'agissant de l'iris de l'œil, plus de 250 paramètres sont enregistrés ! Cette précision fait de l'iris la meilleure technique d'identification (impossible de vous confondre avec un autre) et la plus délicate à utiliser. Une **conjonctivite**, un **cil** dans l'œil, et la machine ne vous reconnaît plus ! C'est l'une des limites de la biométrie.

« Aucune technique n'est **fiable** à 100 % », atteste Jean-Réginald Vanden Eynde, spécialiste de la question pour la société informatique Stéria. En 2002, un chercheur japonais a prouvé qu'il était possible de tromper les systèmes d'identification. Il a utilisé un faux doigt en latex ! De là à imaginer que des petits malins pas **forcément** bien intentionnés essaieront de récupérer vos empreintes digitales sur les portes de métro… ou pirateront directement la base de données sur laquelle elles seront stockées… « C'est de la science-fiction ! », affirment les experts. « Plusieurs données biométriques seront stockées sur le passeport », explique le commandant Fijalkowski, du bureau de la fraude documentaire à la Direction centrale de la police aux frontières. Ce qui doit suffire à assurer la « quasi-inviolabilité des documents ». On l'espère. Car on ne change pas d'identifiant biométrique comme on change de numéro de carte de crédit. Souvenez-vous, dans *Minority Report*, le héros doit subir une transplantation des yeux parce que son iris est black-listé. Un véritable cauchemar.

Extrait tiré de la revue *Phosphore* par Laure Cailloce. © Phosphore, Bayard Jeunesse, 2004.

Compréhension globale

Encerclez la réponse qui convient le mieux.

1. La biométrie…

   a) n'a pas de limites : elle est fiable à 100 %.

   b) est une avancée technologique qui n'implique pas de dangers.

   c) a fait son apparition dans le domaine de la santé.

   d) va être utilisée pour les prochains passeports.

2. La partie du corps qui permet la meilleure identification est…

   a) la paume de la main.

   b) l'œil.

   c) le visage.

   d) les doigts.

3. Selon le texte…

   a) la biométrie est déjà utilisée comme moyen de sécurité.

   b) il est facile de changer d'identifiant biométrique.

   c) la biométrie va remplacer les douaniers aux frontières.

   d) la puce permet seulement de vérifier que le voyageur est la personne qu'il prétend être.

4. L'auteur dit que/qu'…

    a) l'ordinateur peut comparer directement les formes humaines.

    b) l'arrivée possible de terroristes est une des raisons pour les nouveaux passeports.

    c) les passeports n'existeront plus d'ici l'an 2009.

    d) il ne faut pas beaucoup d'efforts pour entraîner l'ordinateur à reconnaître les formes.

Compréhension détaillée

1. Comment les informations seront-elles stockées sur votre nouveau passeport ?

_____

_____

2. Pourquoi ces informations sont-elles si importantes ?

_____

_____

3. Nommez quelques dangers qui sont liés à cette avancée technologique. Quel est le plus grand danger, d'après vous ?

_____

_____

4. Pourquoi fait-on allusion au film américain *Minority Report* et au personnage joué par Tom Cruise ?

_____

_____

Réflexion

1. Pensez-vous que cette puce va aider les douaniers ?

_____

_____

2. Selon vous, la biométrie est-elle de la « science-fiction » ?

_____

_____

Grammaire

Que sais-je ?

Indiquez la bonne réponse et expliquez votre choix.

1. Dans la phrase « C'est un très bon produit », l'adjectif qualificatif est le mot…

_____ a) *est.*

_____ b) *très.*

_____ c) *bon.*

2. Dans la phrase « C'est un très bon produit », l'adverbe est le mot…

_____ a) *est.*

_____ b) *très.*

_____ c) *bon.*

3. On place l'adjectif qualificatif…

_____ a) toujours avant le nom.

_____ b) toujours après le nom.

_____ c) avant ou après le nom, selon l'adjectif.

4. L'adjectif qualificatif s'accorde en genre et en nombre avec…

_____ a) le nom qu'il accompagne.

_____ b) le verbe de la phrase.

_____ c) l'adverbe de la phrase.

5. Parmi les trois expressions ci-dessous, laquelle n'est pas une expression de comparaison ?

_____ a) *davantage*.

_____ b) *autant que*.

_____ c) *presque*.

6. On dit qu'un adjectif est au superlatif quand il est précédé du terme…

_____ a) *plus*.

_____ b) *le plus*.

_____ c) *aussi*.

1 Les adjectifs qualificatifs

1A **La plupart des adjectifs forment leur féminin en ajoutant un *e* au masculin. Mettez les adjectifs suivants au féminin. (Voir tableau 4.1.)**

1. seul _____   9. natal _____

2. loyal _____   10. satisfait _____

3. fâché _____   11. important _____

4. rond _____   12. ébloui _____

5. vrai _____   13. bleu _____

6. joli _____   14. gai _____

7. dur _____   15. sûr _____

8. national _____   16. persan _____

1B **Rappelez-vous que les adjectifs qui se terminent en *e* au masculin ne changent pas au féminin. Faites une courte phrase avec chacun des adjectifs suivants au féminin. (Voir tableau 4.1.)**

1. insolite

_____

2. simple

_____

3. célèbre

_____

4. sombre

_____

5. célibataire

_____

1C Certains adjectifs forment leur féminin en doublant la consonne finale du masculin et en ajoutant un *e*. Mettez les adjectifs suivants au féminin. (Voir tableau 4.1.)

1. partiel _____
2. cruel _____
3. nul _____
4. net _____
5. pareil _____
6. las _____
7. gras _____
8. gentil _____
9. politicien _____
10. bon _____
11. épais _____
12. sot _____
13. gestuel _____
14. violet _____

15. intellectuel _____
16. tel _____
17. solennel _____
18. conditionnel _____
19. annuel _____
20. bas _____
21. gros _____
22. italien _____
23. ancien _____
24. mignon _____
25. muet _____
26. coquet _____
27. vermeil _____
28. quotidien _____

1D Les adjectifs qui se terminent en *x* au masculin ont un féminin en *se*. Mettez les adjectifs suivants au féminin. (Voir tableau 4.1.)

1. heureux _____
2. fiévreux _____
3. furieux _____
4. respectueux _____
5. courageux _____
6. religieux _____
7. peureux _____

8. amoureux _____
9. orageux _____
10. somptueux _____
11. ambitieux _____
12. paresseux _____
13. jaloux _____
14. précieux _____

Attention aux exceptions !

1. doux _____
2. roux _____

3. faux _____
4. vieux _____

1E La plupart des adjectifs qui se terminent en *eur* au masculin ont un féminin en *euse*. Mettez les adjectifs suivants au féminin. (Voir tableau 4.2.)

1. trompeur _____
2. menteur _____
3. travailleur _____
4. chercheur _____
5. voleur _____

6. flatteur _____
7. donneur _____
8. moqueur _____
9. rieur _____
10. blagueur _____

1F Certains adjectifs en *eur* ajoutent simplement un *e* après la consonne finale.
Mettez les adjectifs suivants au féminin. (Voir tableau 4.2.)

1. supérieur _____   5. inférieur _____
2. antérieur _____   6. extérieur _____
3. intérieur _____   7. majeur _____
4. mineur _____   8. postérieur _____

1G Certains adjectifs en *teur* ont un féminin en *trice*. Mettez les adjectifs suivants au féminin.
(Voir tableau 4.2.)

1. protecteur _____   5. créateur _____
2. conservateur _____   6. séducteur _____
3. admirateur _____   7. consolateur _____
4. corrupteur _____   8. usurpateur _____

1H Il y a quelques adjectifs en *eur* qui ont un féminin en *eresse*. Mettez les adjectifs suivants au
féminin. (Voir tableau 4.2.)

1. enchanteur _____   2. vengeur _____

1I La plupart des adjectifs qui se terminent en *et* au masculin ont un féminin en *ète*. Mettez
les adjectifs suivants au féminin. (Voir tableau 4.2.)

1. secret _____   5. discret _____
2. inquiet _____   6. complet _____
3. concret _____   7. désuet _____
4. incomplet _____   8. replet _____

1J Les adjectifs qui se terminent par un *f* au masculin ont un féminin en *ve*. Mettez les
adjectifs suivants au féminin. (Voir tableau 4.2.)

1. sportif _____   11. compulsif _____
2. neuf _____   12. craintif _____
3. vif _____   13. actif _____
4. attentif _____   14. dépressif _____
5. collectif _____   15. agressif _____
6. portatif _____   16. chétif _____
7. passif _____   17. veuf _____
8. hâtif _____   18. plaintif _____
9. négatif _____   19. naïf _____
10. compétitif _____   20. nocif _____

1K Les adjectifs qui se terminent en *er* au masculin ont un féminin en *ère*. Mettez les adjectifs
suivants au féminin. (Voir tableau 4.2.)

1. premier _____   4. régulier _____
2. printanier _____   5. amer _____
3. cher _____   6. familier _____

7. léger _____   10. policier _____

8. étranger _____   11. coutumier _____

9. dernier _____   12. mensonger _____

1L Attention aux adjectifs qui ont un féminin irrégulier et une autre forme au masculin devant un nom qui commence par une voyelle ou par un *h* muet. Complétez l'exercice suivant. (Voir tableau 4.3.)

	au féminin	au masculin devant voyelle ou *h* muet
1. beau	_____	_____
2. fou	_____	_____
3. nouveau	_____	_____
4. mou	_____	_____
5. vieux	_____	_____

1M Il y a d'autres adjectifs qui ont un féminin irrégulier. (Voir tableau 4.3.)

1. blanc	_____	8. favori	_____
2. frais	_____	9. franc	_____
3. grec	_____	10. long	_____
4. oblong	_____	11. sec	_____
5. malin	_____	12. public	_____
6. turc	_____	13. bénin	_____
7. traître	_____	14. hébreu	_____

1N Les adjectifs qui se terminent en *gu* au masculin ont un féminin en *guë*. Mettez les adjectifs suivants au féminin. (Voir tableau 4.3.)

1. ambigu	_____	3. aigu	_____
2. contigu	_____	4. exigu	_____

1O Donnez l'adjectif qui correspond à chaque phrase descriptive.

1. Denise...

vient du Canada = _____

est d'une beauté incroyable = _____

réfléchit beaucoup = _____

a peur des chats noirs = _____

fait rire = _____

2. Jean...

vient des États-Unis = _____

n'aime pas travailler = _____

adore séduire les filles = _____

sait ce qu'il faut dire aux gens = _____

fait beaucoup de choses = _____

3. Mon entraîneur de hockey...

aime faire du sport = _____

a de bons muscles = _____

a beaucoup d'amis = _____

n'a pas de femme = _____

1P La plupart des adjectifs forment leur pluriel en ajoutant un *s* à la forme du singulier. Mettez les phrases suivantes au pluriel en changeant l'article, le nom et l'adjectif.

Attention ! Les adjectifs qui se terminent en *s* ou en *x* au masculin singulier ne changent pas au masculin pluriel. (Voir tableau 4.4.)

1. une chaise rouge _____

2. un homme franc _____

3. une expérience négative _____

4. un petit enfant _____

5. une femme fatiguée _____

6. un garçon menteur _____

7. une tante gentille _____

8. une mère irritée _____

9. une fille sportive _____

10. une table grise _____

11. un gros nuage _____

12. un livre épais _____

13. un bébé furieux _____

14. un vent frais _____

15. un mauvais chauffeur de taxi _____

16. un coiffeur impulsif _____

17. une bonne étudiante _____

18. une vieille histoire _____

19. un long moment _____

20. une employée active _____

1Q Les adjectifs en *eau* et *eu* ont un pluriel en *x* et ceux qui se terminent en *al* ont un pluriel en *aux* pour la plupart. Récrivez les phrases suivantes en mettant tout ce que vous pouvez au pluriel. (Voir tableau 4.4.)

1. Le vieil homme est très curieux.

_____

2. La courtisane persane est importante et ravissante.

_____

3. Ce résultat est normal.

_____

4. Le garçon est bon et beau.

_____

5. C'est un pays brumeux et montagneux.

_____

6. Le jeune artiste est franc.

_____

7. La jeune fille est pieuse et amoureuse.

_____

1R Certains adjectifs, comme *banal, fatal, final, glacial, idéal, naval* et *natal*, ont un pluriel en *s* au masculin. Choisissez l'un de ces adjectifs pour compléter chaque phrase et mettez-le au pluriel. Il est à noter qu'on peut aussi utiliser *idéaux* et *glaciaux*. (Voir tableau 4.4.)

1. Ces deux sœurs disent qu'elles ont épousé des maris _____ ; elles n'ont rien à leur reprocher.

2. Il y a eu deux accidents _____ aujourd'hui.

3. Avez-vous déjà passé vos examens _____ ?

4. À Halifax, il y a beaucoup de chantiers _____.

5. Dans les Alpes, on peut trouver des ruisseaux _____.

1S Expliquez pourquoi les adjectifs en caractères gras sont invariables. (Voir tableaux 4.3 et 4.5.)

1. Je porte mes souliers **orange** à la soirée.

_____

2. Mon mobilier est **bleu vert**.

_____

3. Elle achète beaucoup de vêtements **chic**.

_____

4. Est-ce que c'est vrai qu'aux États-Unis une femme est violée toutes les **demi**-heures ?

_____

5. J'ai acheté des blouses **bon marché** hier.

_____

6. J'ai trouvé les draps **crème** que vous cherchiez.

_____

7. Sa **grand**-mère est malade ?

_____

8. En sortant **nu**-tête, ce jeune homme s'est gelé les oreilles.

_____

1T L'adjectif s'accorde en genre et en nombre avec le nom ou le pronom qu'il qualifie. Dans les phrases suivantes, faites les accords appropriés. (Voir tableaux 4.6 et 4.7.)

1. Ils sont (cher) _____ les livres !

2. Mon manteau et mon chandail sont (vert) _____.

3. Lisa et Paul sont (américain) _____.

4. Les enfants sont (fort) _____ (énervé) _____ en ce moment.

5. Celle-ci et celle-là sont (neuf) _____.

6. Vous avez acheté des souliers (rose) _____ ?

7. Est-ce que ces assiettes sont (sale) _____ ?

8. Elles ne sont pas (heureux) _____ .

9. Je porte une blouse et un pantalon (bleu marine) _____ ce soir. Et toi ?

10. C'est une fille (tout) _____ (beau) _____ .

11. J'étudie les auteurs (canadien) _____ et (italien) _____ .

12. Vous êtes (prêt) _____ , les femmes ?

13. On est (mélancolique) _____ à cause de la pluie.

14. Nous avons attendu une semaine et (demi) _____ avant de recevoir la réponse par courrier.

15. Elle marchait (nu-pieds) _____ dans la boue.

1U Mettez l'adjectif au bon endroit. N'oubliez pas de faire les accords ou changements nécessaires. (Voir tableaux 4.9, 4.10 et 4.11.)

1. Avez-vous des _____ questions _____ ? (pertinent)

2. J'adore faire la _____ matinée _____ ! (gras)

3. Cette _____ femme _____ vient de perdre son fils. (pauvre)

4. Cette _____ famille _____ ne peut pas se permettre de prendre des vacances cette année. (pauvre)

5. Ma _____ mère _____ n'aime pas le fait que j'appelle son fils « mon chouchou ». (beau)

6. C'est une _____ plante _____ (beau).

7. Elle aime les _____ meubles _____ . (ancien)

8. C'est un _____ professeur _____ à moi. (ancien)

9. J'ai quitté Paris durant la _____ semaine _____ de juillet. (dernier)

10. La _____ semaine _____ , il y a eu une tempête de neige à Vancouver. (dernier)

11. Gandhi fut un _____ homme _____ . (grand)

12. Les joueurs de basket-ball sont des _____ hommes _____ . (grand)

13. Ma _____ amie _____ , de quoi parlez-vous et pourquoi êtes-vous si nerveuse ? (cher)

14. C'est un _____ garçon _____ (gentil).

15. Nous avons une _____ histoire _____ à

vous raconter. (long)

16. La _____ chose _____ à faire dans ce

cas ? Aucune idée ! (meilleur)

17. Quelle _____ surprise _____ ! (affreux)

18. C'est une _____ tradition _____ en

France, qui risque de disparaître. (vieux)

19. Ne viens pas me chercher ce soir, je préfère rentrer par mes _____

moyens _____. (propre)

20. Il s'est remarié parce que c'était un _____ homme

_____. (seul)

1V Récrivez les phrases suivantes en mettant les adjectifs entre parenthèses au bon endroit et en faisant les accords nécessaires. (Voir tableau 4.12.)

1. Vous avez une fille. (gentil, petit)

_____

2. Racontez-nous une histoire. (dernier, drôle)

_____

3. Donne-moi les ballons. (gros, orange)

_____

4. Je vais à un restaurant ce soir. (bon, grec)

_____

5. Elle nous a acheté un cadeau. (autre, très cher)

_____

6. Jeanne porte un manteau. (rose, vieux)

_____

7. À l'époque, j'habitais un studio. (grand, confortable)

_____

8. Elle a emprunté mes DVD. (nouveau, espagnol)

_____

9. Émilie voudrait acheter ces bottes. (noir, beau)

_____

10. Monsieur Rochefort adore la bière. (anglais, bon)

_____

2 Les adverbes

2A La plupart des adverbes se forment en ajoutant *ment* au féminin de l'adjectif. Donnez l'adverbe qui correspond à l'adjectif. (Voir tableau 4.14.)

1. gracieuse _____
2. folle _____
3. sèche _____
4. naïve _____
5. grossière _____
6. fausse _____
7. douce _____
8. négative _____
9. effective _____
10. complète _____

2B On forme certains adverbes en ajoutant *ment* au masculin de l'adjectif. Il s'agit des adjectifs qui se terminent en *u, é, i* ou en *e* muet. Donnez l'adverbe qui correspond à l'adjectif. (Voir tableau 4.14.)

1. vrai _____
2. passionné _____
3. rapide _____
4. physique _____
5. incroyable _____
6. poli _____
7. simple _____
8. joli _____
9. spontané _____
10. rare _____

2C Certains adverbes ont une formation irrégulière. Donnez l'adverbe qui correspond à l'adjectif. (Voir tableau 4.14.)

1. gai _____
2. goulu _____
3. assidu _____
4. cru _____

2D Certains adverbes se terminent en *ément*. Donnez l'adverbe qui correspond à l'adjectif. (Voir tableau 4.14.)

1. énorme _____
2. aveugle _____
3. confus _____
4. profond _____
5. intense _____

6. immense _____

7. précis _____

8. impuni _____

2E Les adverbes basés sur les adjectifs en *ant* ont une terminaison en *amment*. Donnez l'adverbe qui correspond à l'adjectif. (Voir tableau 4.15.)

1. courant _____

2. constant _____

3. puissant _____

4. galant _____

5. étonnant _____

2F Les adverbes basés sur les adjectifs en *ent* ont une terminaison en *emment*. Donnez l'adverbe qui correspond à l'adjectif. (Voir tableau 4.15.)

1. prudent _____

2. évident _____

3. impatient _____

4. patient _____

5. intelligent _____

2G Certains adverbes ont une formation particulière. Donnez l'adverbe qui correspond à l'adjectif. (Voir tableau 4.15.)

1. bon _____

2. gentil _____

3. meilleur _____

4. bref _____

5. mauvais _____

2H Donnez deux exemples de locutions adverbiales en les utilisant dans des phrases. (Voir tableau 4.15.)

1. _____

2. _____

2I Donnez deux exemples d'adjectifs employés adverbialement. Faites des phrases. (Voir tableau 4.15.)

1. _____

2. _____

2J Donnez trois exemples d'adverbes qui ne sont pas dérivés d'adjectifs. Faites des phrases. (Voir tableau 4.15.)

1. _____

2. _____

3. _____

2K **Complétez chaque phrase en employant deux adverbes différents.**

1. Je mange _____.

2. Mon professeur de français parle _____.

3. Mon copain me traite _____.

4. Joannie Rochette patine _____.

5. Les femmes conduisent _____.

6. Les hommes apprennent _____.

7. Son chien l'attend _____.

8. Mon ami(e) travaille _____.

2L **Complétez les phrases en utilisant chaque adverbe une seule fois.**

ailleurs	*après-demain*	*beaucoup*
près	*mal*	*mieux*
très	*ensemble*	*debout*
certes	*autrefois*	*souvent*
vite	*assez*	*plus*
combien	*encore*	*trop*
maintenant	*parfaitement*	*loin*

1. Quand je mange _____, mon père m'ordonne de m'asseoir.

2. J'arrive _____ en retard pour mon cours de huit heures.

3. À l'époque, nous avions _____ d'argent pour voyager tous les ans.

4. _____, j'aurais dû faire un effort, mais je me sentais paresseux.

5. Le bébé est _____ malade, mais il va beaucoup _____ que la semaine dernière.

6. Les jumeaux sortent souvent _____ ; ils s'entendent _____.

7. Nous habitons tout _____. Habitez-vous _____ ?

8. Je le ferai _____ parce que je suis _____ occupé demain.

9. Elle a _____ pleuré quand son grand-père est mort.

10. Elle aimerait vivre _____, mais pas ici.

11. Il a _____ mangé ; il se sent _____.

12. _____ as-tu payé ta maison ?

13. Je ne le vois _____. Nous nous sommes disputés.

14. _____ je croyais à l'amour, _____ je suis plus cynique.

15. Cours _____ au magasin m'acheter du lait pour que je puisse te préparer un gâteau.

2M Récrivez les phrases en mettant les adverbes à la place qui convient. (Voir tableau 4.17.)

1. Il est stupide. (très)

_____

2. Avez-vous mangé ? (bien)

_____

3. Ils ont bu. (trop/hier)

_____

4. On part après le concert. (immédiatement)

_____

5. Ils se parlent. (ne… plus/maintenant)

_____

6. Cet enfant pleure. (beaucoup)

_____

7. Les deux pays ont signé le traité. (finalement)

_____

8. Il va arriver à cinq heures. (sans doute)

_____

9. Elle a écrit la lettre. (ne… pas encore)

_____

10. Elles se sont saluées. (froidement)

_____

11. Donnez-le-moi. (tout de suite)

_____

12. Ils ont vu ce film. (déjà)

_____

13. C'est mieux de se plaindre. (ne… pas)

_____

14. Elle n'a pas été reçue. (malheureusement)

_____

15. La patronne lui a ordonné de laver le plancher. (bien)

_____

2N Utilisez les expressions suivantes dans des phrases qui en montrent bien le sens et l'emploi. (Voir tableau 4.18.)

1. (auparavant) _____

_____

2. (par moments) _____

_____

3. (davantage) _____

_____

4. (à ce moment-là) _____

_____

5. (certes) _____

_____

3 La comparaison

3A Complétez les phrases avec le comparatif de supériorité (+), d'égalité (=) ou d'infériorité (-) de l'adjectif. (Voir tableau 4.20.)

1. Mon frère est _____ moi. (intelligent) (-)

2. Ma mère est _____ mon père. (âgée) (+)

3. Tom Cruise est _____ Brad Pitt. (beau) (=)

4. Nicole Kidman _____ Helen Mirren. (jeune) (+)

5. Vous êtes _____ votre professeur de français. (grand) (-)

3B Complétez les phrases avec le comparatif de supériorité (+), d'égalité (=) ou d'infériorité (-) de l'adverbe. (Voir tableau 4.20.)

1. Hélène chante _____ sa sœur. (fort) (=)

2. Il court _____ son copain. (vite) (-)

3. Je pleure _____ vous. (souvent) (+)

4. Les femmes conduisent _____ les hommes (dangereusement) (-)

5. Les enfants pensent _____ les adultes. (abstraitement) (-)

3C Complétez les phrases avec le comparatif de supériorité (+), d'égalité (=) ou d'infériorité (-) du nom. (Voir tableau 4.21.)

1. Les acteurs gagnent _____ argent _____ les professeurs. (+)

2. Le patron fait _____ travail _____ les ouvriers. (=)

3. Un millionnaire a _____ chance _____ un mendiant. (+)

4. Les médecins ont _____ responsabilités _____ les infirmières. (+)

5. Les enfants ont _____ droits _____ les adultes dans la société occidentale. (-)

3D Complétez les phrases avec le comparatif de supériorité (+), d'égalité (=) ou d'infériorité (-) du verbe. (Voir tableau 4.22.)

1. Le carburant diesel coûte _____ l'essence. (-)

2. Je suis paresseux, je dors _____ mes amis. (+)

3. Il travaille _____ ses collègues. (=)

4. Les deux filles se battent _____ leurs deux frères. (-)

5. Elle gagne _____ lui. (=)

3E Comparez les deux éléments en faisant une phrase.

> **Modèle :** une Toyota/une Mercedes
> → *Une Toyota coûte moins cher qu'une Mercedes.*

1. l'hiver/l'été

_____

_____

2. le Mexique/le Canada

_____

_____

3. le chat/le chien

_____

_____

4. le désert/la forêt

_____

_____

3F Faites des phrases comparatives en tenant compte des éléments donnés et du code entre parenthèses.

1. Tu/être/poli/Georges (+)

_____

2. Nous/être/agressifs/toi (-)

_____

3. Vous/être/indifférent/moi (=)

_____

4. Un camion/consommer/essence/une voiture (+)

_____

5. Sarah/avoir/jouets/sa cousine (-)

_____

3G Un(e) de vos camarades se croit supérieur(e) en tout. Refaites les phrases suivantes pour illustrer ce qu'il/elle dit. La comparaison porte sur le mot en italique.

> **Modèle :** Je suis *doué* pour les maths.
> → *Moi, je suis plus doué que toi pour les maths.*

1. Je chante *bien*. _____

2. Je suis *intelligent*. _____

3. J'ai de *bons* amis. _____

4. Ma famille et moi, nous habitons dans un *beau* quartier.

_____

5. Je réussis *souvent* à mes examens.

_____

3H **Complétez les phrases suivantes en utilisant le superlatif de supériorité (+) ou d'infériorité (-) de l'adjectif ou de l'adverbe. (Voir tableau 4.23.)**

1. C'est Nicole qui est _____ jalouse de toutes les filles. (+)

2. C'est ma mère qui est _____ grande de la famille. (-)

3. C'est cette sculpture-ci qui est _____ appréciée. (+)

4. C'est lui qui est _____ grièvement blessé. (-)

5. C'est Carole qui mange _____ vite. (+)

6. C'est la Française qui danse _____ bien. (-)

7. C'est le vieillard qui marche _____ lentement. (+)

8. C'est elle qui parle _____ vite. (+)

3I **Complétez les phrases suivantes en utilisant le superlatif de supériorité (+) ou d'infériorité (-) du nom. (Voir tableau 4.24.)**

1. C'est Paul qui a _____ difficulté à comprendre la situation. (+)

2. C'est Madame Dupont qui a _____ meubles anciens. (-)

3. C'est moi qui ai _____ argent à la banque. (+)

4. C'est le chat qui boit _____ lait. (-)

3J **Complétez les phrases suivantes en utilisant le superlatif de supériorité (+) ou d'infériorité (-) du verbe. (Voir tableau 4.25.)**

1. C'est elle qui travaille _____ à la maison. (+)

2. C'est lui qui travaille _____ à la maison. (-)

3. Ce sont les patrons qui gagnent _____. (+)

4. Ce sont les ouvriers qui gagnent _____. (-)

3K **Complétez les phrases suivantes en traduisant le superlatif anglais (entre parenthèses) en français. (Voir tableau 4.29.)**

1. Pendant cette soirée, nous avons bu _____ (the worst) vins.

2. C'est cette chanson que nous aimons _____ (the most). Et celle-là _____ (the least).

3. Est-ce que mon accent est _____ (the worse) de la classe ?

4. Dans _____ (the worst) circonstances, je garde mon calme.

5. C'était _____ (the best) moment de ma vie.

6. C'est elle qui est _____ (the best) préparée.

7. Je n'ai pas _____ (the least/faintest) idée de son âge.

8. Le fromage français est-il _____ (the best) au monde ?

3L Répondez aux questions suivantes en faisant des phrases complètes.

1. Quel est le film le plus populaire de Leonardo di Caprio ? Le moins populaire ?

_____

_____

2. Quel est le pays le plus pauvre du monde ? Le plus riche ?

_____

_____

3. Quelle est la région la plus intéressante de France ? La moins intéressante ?

_____

_____

4. Quel est le meilleur restaurant de votre ville ? Le plus mauvais ?

_____

_____

5. Quel est le moyen de transport le plus écologique aujourd'hui ? Le moins écologique ?

_____

_____

4 Traduction

4A Traduisez les phrases suivantes en français en faisant bien attention à la préposition *de* qui est nécessaire dans ces constructions. (Voir tableau 4.13.)

1. We saw something wonderful at the fair.

_____

2. Nothing new has happened since I last saw you.

_____

3. I met someone interesting last night.

_____

4. I read something incredible in the paper today.

_____

4B Traduisez les phrases suivantes en français en faisant bien attention aux adjectifs qualificatifs.

1. That's easy to say but difficult to do!

_____

2. He just did something very stupid, in my opinion.

_____

3. Our dog is huge, friendly, and superstitious. He avoids black cats!

_____

_____

4. Her mother is small, dark, and very pretty.

_____

5. She made him happy.

6. Be careful. The roads are slippery.

7. The baby has blue eyes, blond hair, and fat, pink fingers.

8. My car is old and rusty. I'm going to buy a new car if I win the lottery.

9. It was an exceptionally beautiful performance.

10. We spent an extremely cold night in the mountains.

11. The test was extraordinarily difficult.

12. We asked a very strong friend to push us out of the snow bank.

13. The chicken was overcooked.

14. She ordered a very spicy dish.

15. My new table is black and oval.

16. Are you a member of the Conservative party?

17. It's a good movie to see.

18. It's a good book to read.

19. That's the best attitude to adopt.

20. I have a gifted student in my class.

4C **Traduisez les phrases suivantes en français en faisant bien attention aux adverbes.**

1. It's so little!

2. He has to learn in a different way.

3. They will catch the bus in time.

4. They left at the same time.

_____

5. Greyhound dogs run very fast.

_____

6. She's a very busy politician.

_____

7. Right now, I'm quite happy.

_____

8. He has already insulted us on several occasions.

_____

9. Sometimes, I feel desperate.

_____

10. I would love to do it.

_____

4D Traduisez les phrases suivantes en français. (Voir tableaux 4.28 et 4.29.)

1. She is more relaxed than he is, but he exercises more.

_____

_____

2. My professor has written two books more than his colleague.

_____

3. Her writing skills are inferior to mine.

_____

4. The storm was worse than I thought.

_____

5. The best mark was given to the weakest student in the class.

_____

_____

6. He is more aggressive than you think.

_____

7. John Wayne was a most interesting person.

_____

8. Of the two, he is the weaker.

_____

9. My sister is more humorous than her husband.

_____

10. The more it rains, the less the ground is able to soak up the water.

_____

_____

5 Correction

5A En utilisant un dictionnaire bilingue, traduisez les mots anglais de la liste ci-dessous et soulignez les lettres qui différencient l'orthographe des mots français et anglais. (Voir tableau 4.33.)

Modèle : a list → une list<u>e</u>

1. an envelope _____
2. Canadian _____
3. a lesson _____
4. dependence _____
5. quality _____

6. a party (political) _____
7. a colour _____
8. music _____
9. an optimist _____
10. an authorization _____

5B En utilisant un dictionnaire, indiquez si le mot est masculin ou féminin. (Voir tableau 4.33.)

1. image   m   f
2. langage   m   f
3. cimetière   m   f
4. frontière   m   f
5. sarcasme   m   f

6. adoption   m   f
7. avion   m   f
8. domaine   m   f
9. durée   m   f
10. musée   m   f

6 Expression écrite

6A Décrivez les personnes suivantes en utilisant autant d'adjectifs que possible. N'oubliez pas que vous pouvez commencer avec *il/elle est* + adjectif ou bien avec *c'est un/une* + nom + adjectif. Écrivez également des phrases négatives. Attention aussi à la place des adjectifs.

1. Barack Obama

_____

_____

_____

2. Sidney Crosby

_____

_____

_____

3. Jennifer Lopez

_____

_____

_____

4. Le prince William

_____

_____

_____

5. Céline Dion

_____

_____

_____

6. Lady Gaga

_____

_____

_____

7. Votre père

_____

_____

_____

8. Votre meilleur(e) ami(e)

_____

_____

_____

9. Votre mère

_____

_____

_____

10. Vous-même

_____

_____

_____

6B Rédigez une lettre de désistement dans laquelle vous expliquez au responsable d'un séjour linguistique que vous ne pouvez pas vous rendre au Québec cet été. À vous de déterminer les raisons de votre désistement.

_____

_____

_____

_____

_____

_____

_____

_____

_____

CHAPITRE 5

Vocabulaire

EXERCICE 1 : Mots à compléter
EXERCICE 2 : Mots de la même famille
EXERCICE 3 : Correspondances

Lecture

Le naufrage des langues autochtones (article) avec questions de compréhension

Grammaire

1. L'infinitif
2. Le subjonctif
3. Traduction
4. Correction
5. Expression écrite

Vocabulaire

Exercice 1 : Mots à compléter

Complétez les mots suivants à l'aide des lettres données. Les mots sont tirés du vocabulaire du chapitre 5.

1. Les personnes qui arrivent de l'é _ _ _ _ g _ r doivent apprendre la langue de leur nouveau pays afin de _ 'a _ a _ _ _ _ le plus rapidement possible.

2. Une étudiante z _ _ é _ cst une personne enthousiaste, une a _ p _ _ n _ _ _ _ motivée.

3. En Belgique, même si l'enseignement bi _ _ _ g _ _ pose des défis, les avantages du bi _ _ _ g _ _ _ _ _ p _ _ _ oce sont bien établis.

4. Marcel Dubé fait participer tous ses étudiants, des plus _ é _ é _ aux plus timides.

5. L'a _ _ r _ _ t i _ _ _ _ _ du français par les immigrants est une priorité pour la province de Québec.

Exercice 2 : Mots de la même famille

Remplissez le tableau en suivant l'exemple donné. Utilisez un dictionnaire au besoin.

verbe (infinitif)	nom abstrait (avec l'article)	adjectif (m. et f.)
franciser	la francisation	francisé
1.	l'alphabétisation	
2.		établi (e)
3.	un refuge	
4. inciter		
5. amorcer		

Exercice 3 : Correspondances

Reliez les mots de la colonne A à ceux de la colonne B pour former une expression avec un verbe de mouvement. Les mots de la colonne B sont dans le désordre.

Colonne A

1. rentrer ____
2. partir ____
3. retourner ____
4. venir ____
5. arriver ____

Colonne B

a) en arrière
b) à destination
c) de voyage
d) en vacances
e) de la part de

Puis faites une phrase complète avec chacune des expressions.

Phrase 1 :
_____

Phrase 2 :
_____

Phrase 3 :
_____

Phrase 4 :
_____

Phrase 5 :
_____

Lecture

Lisez le texte ci-dessous puis répondez aux questions de compréhension. Cherchez le sens des mots en caractères gras dans un dictionnaire avant de commencer votre lecture. Ces mots sont importants pour la compréhension du texte.

Le naufrage des langues autochtones

Seulement le quart des **Amérindiens**, **Métis** ou Inuits connaissent assez bien une langue autochtone pour soutenir la conversation. Cinquante parlers en voie de disparition…

Odanak est un vieux village abénaquis… où plus personne ne parle abénaquis. Pourtant, il n'y a pas 50 ans, cette langue était encore parlée par les vieux du bourg. Il a suffi de deux générations pour que l'abénaquis, comme la plupart des langues **autochtones** du Canada, soit en danger de disparaître. Seuls trois ou quatre vieillards conservent le souvenir de mots qu'ils ont sus enfants, mais n'utilisent plus depuis longtemps.

Cinquante-quatre langues **indigènes** sont encore parlées au Canada, mais en 2001, seulement le quart du million de Canadiens reconnus comme Amérindiens, Métis ou Inuits connaissaient assez bien une langue autochtone pour soutenir la conversation. Cinq ans plus tôt, il y avait encore près du tiers. Et l'avenir s'annonce mal, car 80 % des enfants autochtones sont élevés en anglais ou en français.

En 100 ans, une dizaine de langues indigènes ont disparu au Canada. À Terre-Neuve, la dernière personne à parler **béothuk** est morte en 1829. Au Québec, le huron s'est éteint au début du 20e siècle. Neutre, nicola, tsetsaut, laurentien, pétun, songish… toutes ces langues sont tombées dans l'oubli.

Les langues autochtones du Canada appartiennent à 11 familles linguistiques différentes, dont aucune n'a pu être reliée à des familles européennes ou asiatiques, à l'exception du michif, l'incroyable langue des Métis, mélange de français et de cri.

Depuis 25 ans, des autochtones **se mobilisent**. « La langue est à la base de notre identité, mais sa sauvegarde pose d'énormes défis », dit Ghislain Picard, chef de l'Assemblée des Premières nations du Québec et du Labrador. Pour la transmettre aux nouvelles générations, encore faut-il que les parents la connaissent, qu'ils ressentent le besoin de l'apprendre à leurs enfants, et que ceux-ci aient ensuite l'occasion de l'utiliser. À quoi bon apprendre une langue qui ne sert à rien ? De nombreux jeunes n'en voient pas l'intérêt. Et de plus en plus souvent, les parents préfèrent que leurs enfants grandissent en français ou en anglais, les langues de l'émancipation, qui leur permettront de trouver un bon emploi.

Partout au Canada, des langues indigènes sont désormais enseignées à l'école comme langue seconde. Avec un succès limité. « D'abord, les enseignants eux-mêmes maîtrisent souvent mal la langue, dont ils montrent une version simplifiée », dit Ghislain Picard. Malgré tout, l'école reste à la base de la stratégie de conservation des langues.

Beaucoup d'autochtones tentent de réapprendre leur langue à l'âge adulte, quand la question d'identité devient plus importante. « C'est un défi énorme », dit le cinéaste André Dudemaine, qui regrette de ne pas savoir la langue des siens. « L'innu est très complexe, il possède une structure très différente du français ou de l'anglais, et le matériel didactique est insuffisant. »

Pour sauver leur langue, les autochtones comptent aussi sur l'aide des linguistes. Les missionnaires d'antan s'intéressaient de près aux langues indigènes, car leur maîtrise était nécessaire pour **l'évangélisation**. On leur doit les premiers dictionnaires ainsi que des traductions de prières et de cantiques… Leurs efforts ont donné une base de travail aux linguistes et anthropologues. Mais la tâche reste terriblement difficile car ces langues ont beaucoup changé au fil du temps. Encore aujourd'hui, aucune n'a d'écriture standardisée.

À l'université de Toronto, la linguiste Keren Rice collabore depuis une trentaine d'années avec deux communautés autochtones du Nord-Ouest. On lui doit entre autres deux dictionnaires de l'esclave (langue athabascane parlée dans les Territoires du Nord-Ouest). « Les linguistes, qui effectuaient auparavant un travail purement théorique, collaborent maintenant de près avec des autochtones pour les aider à conserver leur langue. »

L'avenir des langues indigènes n'est peut-être pas aussi sombre que ce que les statistiques laissent craindre. « De plus en plus d'autochtones sont conscients de l'importance de conserver leur langue, dit Keren Rice. Or, c'est ce degré de motivation, plus que le nombre de locuteurs, qui détermine réellement les chances de survie. »

Pour l'anthropologue Louis-Jacques Dorais, les langues autochtones ne serviront peut-être plus vraiment à la communication entre individus, mais elles resteront un puissant symbole identitaire.

Extrait de *L'Actualité*, janvier 2004, *Géographica*, p. 13-17, par Valérie Borde.

Compréhension globale

Dites si les affirmations suivantes sont vraies (V) ou fausses (F). Expliquez votre choix.

1. Les statistiques sont pessimistes en ce qui concerne l'avenir des langues autochtones au Canada. _____

2. L'apprentissage des langues autochtones ne présente pas beaucoup de défi, car elles ressemblent aux langues européennes. _____

3. Au XXe siècle, toutes les langues indigènes ont disparu. _____

4. Les parents de culture amérindienne préfèrent envoyer leurs enfants dans une école de langue anglaise ou française. _____

5. Ce sont les linguistes et les anthropologues qui jouent le plus grand rôle dans la conservation des langues autochtones. _____

Compréhension détaillée

1. Selon l'auteur, depuis combien de temps et comment les autochtones se sont-ils mobilisés pour sauvegarder leurs langues indigènes ?

_____

_____.

2. Pourquoi est-il difficile de faire « revivre » certaines de ces langues ? Que faut-il faire pour assurer la survie de ces langues ?

_____

_____.

3. Les blancs s'intéressent-ils aux langues autochtones depuis longtemps ? Expliquez.

_____

_____.

4. L'article commence sur un ton plutôt pessimiste. Pouvez-vous expliquer la note d'optimisme apportée dans la conclusion du texte ?

_____

_____.

Réflexion

1. Croyez-vous que la survie des langues autochtones au Canada soit possible ? Expliquez.

_____

_____.

2. Faites des recherches approfondies sur une des langues mentionnées dans l'article.

_____

_____.

Grammaire

Que sais-je ?

Indiquez la bonne réponse et expliquez votre choix.

1. Dans la phrase « On peut se rendre en Corse en bateau », l'infinitif est le terme...

_____ a) *bateau.*

_____ b) *se rendre.*

_____ c) *peut.*

2. L'infinitif…

_____ a) est parfois précédé d'une préposition.

_____ b) n'est jamais précédé d'une préposition.

_____ c) est toujours précédé de la conjonction *que*.

3. On peut utiliser le subjonctif…

_____ a) après la conjonction *que*.

_____ b) après les prépositions *à* ou *de*.

_____ c) après la conjonction *lorsque*.

4. Le subjonctif…

_____ a) est rarement utilisé.

_____ b) est souvent utilisé.

_____ c) n'est utilisé qu'à l'écrit.

5. Si l'on utilise le verbe *revenir* après l'expression verbale *Il faut que…*, on dira :

_____ a) *vous revenez.*

_____ b) *vous reviendrez.*

_____ c) *vous reveniez.*

6. Dans la phrase « Il est possible que nous y *allions* ensemble », le verbe en italique est…

_____ a) à l'imparfait.

_____ b) au subjonctif passé.

_____ c) au subjonctif présent.

1 L'infinitif

1A **Complétez les phrases suivantes en traduisant le verbe entre parenthèses par l'infinitif présent. (Voir tableau 5.1.)**

1. Nous devrons _____ (*drive*) toute la nuit.

2. Je dois _____ (*protect myself*) contre ses attaques.

3. Il a fallu _____ (*to learn*) une nouvelle langue.

4. Elle veut _____ (*to come back*) au Canada l'été prochain.

5. Elle va _____ (*to be*) très fâchée quand elle va _____ (*to come home*).

6. Le train va bientôt _____ (*to leave*).

7. Je doute _____ (*to be able*) le faire.

8. _____ (*to love*), c'est le plus grand défi de notre existence.

9. Il a agi sans _____ (*thinking*) et les conséquences ont été catastrophiques.

10. _____ (*to make*) la guerre, ça me dégoûte !

1B Donnez l'infinitif présent des verbes suivants.

1. il est mort _____
2. que vous ayez _____
3. je viendrai _____
4. nous nous sommes levés _____
5. il faudrait _____
6. il a plu _____
7. vous n'aurez pas fait _____
8. que tu ailles _____
9. il a joint _____
10. ils ne se sont pas plus _____

1C L'infinitif présent passif d'un verbe transitif direct est formé de l'infinitif présent de l'auxiliaire *être* suivi du participe passé du verbe. Construisez des phrases passives.

Modèle : ce vieux bâtiment/démolir/le propriétaire
→ *Ce vieux bâtiment va être démoli par le propriétaire.*

1. le piano/qu'elle adore/vendre/son beau-père

_____

2. cet enfant/punir/son père

_____

3. ce tableau/acheter/un millionnaire

_____

4. ce livre/publier/une maison d'édition réputée

_____

1D Dans une phrase négative, les deux éléments *ne... pas, ne... plus*, etc. précèdent généralement l'infinitif présent ainsi que les pronoms objets. Complétez les phrases suivantes à l'aide d'un infinitif à la forme négative. (Voir tableau 5.3.)

1. Elle m'a ordonné de

_____

2. Sa mère lui a demandé de

_____

3. J'ai débranché le téléphone afin de

_____

4. Il m'a forcé à

_____

1E L'infinitif passé est une forme composée de l'infinitif présent de l'auxiliaire suivi du participe passé du verbe en question. Traduisez les mots entre parenthèses en employant l'infinitif passé. (Voir tableau 5.2.)

1. Après _____ (*having embraced each other*), ils se sont quittés.
2. Après _____ (*having eaten*) trop d'ail, il s'est senti mal.

3. Après _____ (*having locked*) la porte, elle s'est rendu compte qu'elle n'avait pas ses clefs.

4. Après _____ (*having rested*), nous sommes sortis boire un pot.

5. Après _____ (*having seen*) sa note, il a décidé de ne plus suivre de cours d'anglais.

1F Complétez les phrases suivantes en mettant les verbes entre parenthèses à l'infinitif passé. Faites l'accord du participe passé s'il y a lieu.

1. Le fait de _____ (ne pas avoir) assez d'argent pendant nos vacances nous a vraiment embêtés.

2. J'avais peur de _____ (partir) trop tôt.

3. Je vous donnerai les schémas après les _____ (analyser).

4. Après nous _____ (inviter), il a changé d'idée et a annulé la fête.

5. Après lui _____ (faire) des reproches, elle l'a giflé.

1G Donnez l'infinitif passé des verbes suivants.

1. je prends _____

2. qu'il ait connu _____

3. il haït _____

4. vous ne finirez pas _____

5. ils s'éloignent _____

6. elles ne s'inscrivent pas _____

7. tu as conclu _____

8. nous battrons _____

9. je n'ai pas su _____

10. on est allé _____

1H Dans une phrase négative, les deux éléments de la négation précèdent généralement l'infinitif passé ainsi que les pronoms objets. Complétez les phrases suivantes à l'aide d'un infinitif passé à la forme négative. (Voir tableau 5.3.)

1. Il a avoué ne pas les _____ .

2. Le patron nous a priés de ne pas la _____ .

3. Il a déclaré ne jamais l' _____ .

4. Anne préfère ne plus le _____ .

1I L'infinitif peut être le sujet d'une phrase. Complétez les phrases suivantes en traduisant les mots entre parenthèses. (Voir tableau 5.4.)

1. _____ (*Living*) seul est souvent impossible pour les étudiants ; il faut partager les frais.

2. _____ (*Dancing*) frénétiquement est un moyen très efficace de maigrir.

3. _____ (*Giving*) naissance à un enfant, c'est l'expérience la plus belle de la vie.

4. _____ (*Being*) franc avec ses collègues, c'est parfois difficile.

5. _____ (*Learning*) une langue seconde, c'est important.

1J Complétez chaque phrase avec *à* ou *de* s'il y a lieu. (Voir tableau 5.5 et appendice C.)

1. Il s'amuse _____ taquiner sa sœur.

2. Je m'engage _____ finir ce projet avant le 30 avril.

3. Il faut se garder _____ trop critiquer les autres.

4. Vous pensez _____ partir demain ?

5. Ils espèrent _____ voyager cet hiver.

6. Mettons-nous _____ travailler maintenant, sinon nous ne finirons jamais notre projet.

7. As-tu accepté _____ le remplacer ?

8. Je compte _____ lui parler demain.

9. Nous regrettons _____ ne pas vous avoir écrit.

10. Elles persistent _____ se moquer de lui.

1K Complétez chaque phrase avec *à* ou *de*. (Voir tableau 5.6 et appendice D.)

1. Nous n'étions pas prêts _____ partir.

2. Je suis heureuse _____ vous revoir.

3. Elle est capable _____ saisir les nuances de ce texte.

4. Vous êtes libre _____ sortir si vous voulez.

5. Cet étudiant est si lent _____ répondre que je perds patience.

6. Mon sac à dos est lourd _____ porter, j'y ai mis trop de livres.

7. Vous êtes le seul _____ saisir la portée de mon idée.

8. Tu es fou _____ aimer cette fille. Elle ne s'intéresse pas du tout à toi.

9. On est content _____ se reposer un peu.

10. Tu es la première _____ m'en parler.

1L L'infinitif peut être utilisé comme un nom (simple ou composé). Complétez les phrases suivantes en traduisant les mots entre parenthèses. (Voir tableau 5.4.)

1. Réveillons-nous très tôt demain pour voir le _____ (*rise*) du soleil.

2. Il manque de _____ (*know-how*).

3. Ils ont envoyé des _____ (*announcements*) quand leurs enfants se sont mariés.

4. Au Rwanda, les forces rebelles ont saisi le _____ (*power*).

5. Il n'a pas encore maîtrisé le _____ (*speech*) de tous les jours en français.

1M L'infinitif peut être utilisé dans une exclamation ou une interrogation. Complétez les phrases suivantes avec un infinitif qui donne un sens à la phrase. (Voir tableau 5.4.)

1. _____ ? Moi, jamais !

2. _____ avant les examens ? Rarement !

3. Tu veux _____ ma voiture ? Pas question !

4. Me _____ avec lui ? Jamais, je préfère rester célibataire !

5. Que _____ ? Je n'ai pas d'argent.

1N L'infinitif remplace souvent l'impératif dans les indications, les avis, les recettes ou les modes d'emploi. Complétez la recette suivante en traduisant les mots entre parenthèses. (Voir tableau 5.4.)

(1) _____ (*Mix*) tous les ingrédients. (2) _____ (*add*) de la farine en quantité suffisante pour permettre d'étendre la pâte.

(3) _____ (*cut*) la pâte avec un couteau de table, puis

(4) _____ (*sprinkle*) du sucre d'érable tamisé sur chaque biscuit

avant de les (5) _____ (*put*) au four. Faire (6) _____

(*bake*) à chaleur modérée (300-375 °F) jusqu'à ce qu'ils soient dorés.

1O L'infinitif présent est la forme du verbe employée après la plupart des prépositions. Font exception *après* (suivi de l'infinitif passé) et *en* (suivi du participe présent). Mettez le verbe à la forme qui convient.

1. Il a fait cela pour m' _____ (*to humiliate*).

2. Après _____ (*sitting down*), il a commencé à lire.

3. Pour mieux _____ (*to understand*) le projet, il faut lire tous les textes préparatifs.

4. Elle a quitté la maison sans _____ (*having eaten*).

2 Le subjonctif

2A Mettez les verbes suivants au présent du subjonctif. (Voir tableau 5.7.)

1. nous (enseigner)   que _____
2. vous (manger)   que _____
3. tu (chanter)   que _____
4. il (vendre)   qu' _____
5. elles (entendre)   qu' _____
6. nous (apprendre)   que _____
7. vous (réfléchir)   que _____
8. tu (rougir)   que _____
9. je (se divertir)   que _____
10. vous (obéir)   que _____

2B Mettez les verbes suivants au présent du subjonctif en faisant attention à leurs particularités orthographiques. (Voir tableau 5.7.)

1. tu (payer)   que _____
2. vous (peler)   que _____

3. nous (placer) que _____

4. nous (manger) que _____

5. je (amener) que _____

6. ils (répéter) qu' _____

7. on (essuyer) qu' _____

8. vous (acheter) que _____

9. cela (peser) que _____

10. nous (appeler) que _____

2C Certains verbes irréguliers ont un subjonctif régulier. Mettez les verbes suivants au présent du subjonctif. (Voir tableau 5.8 et appendice A.)

1. vous (conclure) que _____

2. tu (conclure) que _____

3. nous (battre) que _____

4. je (battre) que _____

5. elle (courir) qu' _____

6. vous (courir) que _____

7. tu (acquérir) que _____

8. nous (acquérir) que _____

9. vous (s'asseoir) que _____

10. on (s'asseoir) qu' _____

11. elles (conduire) qu' _____

12. tu (conduire) que _____

13. il (connaître) qu' _____

14. vous (connaître) que _____

15. vous (craindre) que _____

16. tu (craindre) que _____

17. il (dire) qu' _____

18. nous (dire) que _____

19. tu (écrire) que _____

20. vous (écrire) que _____

21. nous (lire) que _____

22. je (lire) que _____

23. on (mettre) qu' _____

24. elles (mettre) qu' _____

25. elle (ouvrir) qu' _____

2D Certains verbes irréguliers ont un radical particulier pour les formes *je, tu, il/elle/on* et *ils/elles* et un autre radical pour les formes *nous* et *vous*. Mettez les verbes suivants au présent du subjonctif. (Voir tableau 5.9.)

1. ils (devoir) qu' _____

2. vous (devoir) que _____

3. tu (aller) que _____

4. vous (aller)   que _____

5. elles (boire)   qu' _____

6. vous (boire)   que _____

7. elle (croire)   qu' _____

8. vous (croire)   que _____

9. on (fuir)   qu' _____

10. vous (fuir)   que _____

11. on (mourir)   qu' _____

12. vous (mourir)   que _____

13. ils (prendre)   qu' _____

14. vous (prendre)   que _____

15. elles (recevoir)   qu' _____

16. vous (recevoir)   que _____

17. ils (venir)   qu' _____

18. vous (venir)   que _____

19. je (voir)   que _____

20. vous (voir)   que _____

2E D'autres verbes irréguliers comme *faire, pouvoir* et *savoir* n'ont qu'un seul radical. Complétez les phrases suivantes en utilisant le présent du subjonctif des verbes entre parenthèses. (Voir tableau 5.10.)

1. Si tu veux sortir ce soir, il faut que tu _____ (faire) la vaisselle.

2. Je doute qu'ils _____ (pouvoir) atteindre ce but.

3. Je ne crois pas qu'elle _____ (savoir) la vérité.

4. Il est essentiel que vous _____ (savoir) conjuguer les verbes.

5. Nous voulons que vous _____ (faire) un effort.

6. Il est impensable que nous ne _____ (pouvoir) pas réussir.

2F Complétez les phrases suivantes en utilisant le présent du subjonctif des verbes *avoir* ou *être*. (Voir tableau 5.11.)

1. Nous sommes contents que vous _____ (être) heureux.

2. Je ne peux pas accepter que tu _____ (être) toujours en retard.

3. Cela me fâche qu'ils _____ (avoir) cette attitude.

4. Tu ne crois pas qu'il _____ (être) jaloux ?

5. Il faut que nous _____ (avoir) de la patience.

6. Je doute qu'elle _____ (être) malhonnête.

7. Il vaut mieux que tu _____ (avoir) le sens de l'humour.

2G Mettez les verbes suivants au passé du subjonctif. (Voir tableau 5.12.)

1. elle (descendre)   qu' _____

2. nous (se promener)   que _____

3. il (neiger)   qu' _____

4. ils (construire)   qu' _____

5. tu (dormir)   que _____

6. elle (se plaindre)   qu' _____

7. on (demander)   qu' _____

8. nous (arriver)   que _____

9. ils (partir)   qu' _____

10. il (tuer)   qu' _____

2H   **Mettez les verbes entre parenthèses au passé du subjonctif. (Voir tableau 5.12.)**

1. Nous sommes heureux que vous _____ (venir) chez nous hier soir.

2. Je regrette qu'elle vous _____ (dire) cela.

3. Elle est fâchée que nous _____ (ne pas terminer) ce devoir à temps.

4. Il regrette que je _____ (ne pas aimer) le film.

5. C'est bizarre qu'elles _____ (partir) à cette heure-là.

6. C'est dommage qu'il _____ (ne pas vérifier) l'heure du départ.

7. Elle doute qu'il _____ (se raser) avant de partir.

8. Je ne crois pas que tu _____ (faire) ce travail tout seul.

2I   **On met le verbe de la subordonnée complétive au subjonctif quand le verbe de la principale exprime la volonté (désir, opposition, jugement, accord, consentement, préférence personnelle, etc.). Mettez le verbe entre parenthèses au subjonctif. (Voir tableau 5.13.)**

1. Ses parents ne consentent pas à ce qu'elle _____ (se marier) avec un homme divorcé.

2. J'aime mieux que mon enfant m'_____ (obéir).

3. Il est préférable qu'il _____ (pleuvoir) parce que la terre est sèche.

4. Je consens à ce qu'elle_____ (faire) quelque chose pour m'aider.

5. Nous voudrions que vous _____ (dire) quelques mots à ce sujet.

6. Je ne tolérerai pas que tu me _____ (parler) comme ça.

7. On s'oppose à ce que le gouvernement _____ (augmenter) encore les impôts.

8. Il vaut mieux que tu _____ (ne pas se faire) d'illusions là-dessus.

9. Je comprends que vous _____ (être) déçus.

10. Je voudrais qu'ils _____ (aller) en Afrique avec moi cet été.

2J   **Choisissez entre le subjonctif et l'indicatif dans les phrases suivantes. (Voir tableau 5.13.)**

1. Elle pense que nous _____ (avoir) de bonnes chances de gagner le championnat.

2. J'espère qu'il _____ (devenir) médecin.

3. Je comprends qu'il _____ (être) question d'argent.

4. Je comprends que tu _____ (être) stressé.

2K On met le verbe de la subordonnée complétive au subjonctif quand le verbe de la principale exprime la nécessité (avantage, contrainte, convenance, importance, obligation, urgence, etc.). Mettez le verbe entre parenthèses au subjonctif. (Voir tableau 5.13.)

1. Faut-il que je _____ (finir) ce projet ?

2. Il est utile que vous _____ (savoir) parler français.

3. Nous avons hâte que la session _____ (finir).

4. Il est temps que vous _____ (changer) de perspective.

5. L'université exige qu'on _____ (suivre) ces deux cours.

6. Il est avantageux qu'elle _____ (pouvoir) suivre ces trois cours.

7. Peu importe qu'il _____ (neiger) ou qu'il _____ (pleuvoir).

8. Je ne suis pas d'accord avec le fait qu'il _____ (gagner) plus que vous.

9. Il convient que vous _____ (remercier) vos hôtes de leur hospitalité.

10. Le gérant a ordonné que nous _____ (fermer) le magasin.

2L On met le verbe de la subordonnée complétive au subjonctif quand le verbe de la principale exprime la possibilité (réalisation possible ou impossible, réalisation possible mais rare, éventualité, réalisation attendue, etc.). Mettez le verbe entre parenthèses au subjonctif. (Voir tableau 5.14.)

1. Il se peut que le monde financier _____ (s'écrouler) à cause des déficits énormes de presque tous les pays.

2. Il semble que l'Europe _____ (passer) à travers une crise politique sérieuse.

3. Il est rare qu'un enfant _____ (comprendre) les conséquences de ses actions.

4. Nous attendons qu'elles _____ (se trahir).

5. Il est peu probable que vous _____ (avoir) raison.

6. Il est impossible que je _____ (prendre) l'avion ; cela coûte trop cher.

7. Je m'attendais à ce que vous _____ (se comporter) d'une manière raisonnable.

2M Choisissez entre le subjonctif et l'indicatif. (Voir tableau 5.14.)

1. Il semble que vous _____ (se tromper).

2. Il me semble qu'elle _____ (avoir) tort.

3. Il est peu probable que j' _____ (avoir) le temps d'écrire un roman cette année.

4. Il est probable qu'elle _____ (démissionner) à cause du comportement de son patron.

2N On met le verbe de la subordonnée complétive au subjonctif quand le verbe de la principale exprime le doute (l'improbable, l'invraisemblable, le contestable, etc.). Mettez le verbe entre parenthèses au subjonctif. (Voir tableau 5.14.)

1. Il est discutable que votre idée _____ (être) la meilleure.

2. Il est peu sûr que le candidat _____ (avoir) la faveur du public.

3. On doute qu'ils _____ (pouvoir) construire cette maison dans les délais prévus.

2O Complétez les phrases suivantes.

1. Rien ne prouve que _____.

2. Il est faux que _____.

3. Il est invraisemblable que _____.

2P Complétez les phrases suivantes. Attention au temps et au mode du verbe !

1. Elle se doutait que _____.

2. Nous doutons que _____.

3. Il est certain que _____.

4. Il est incertain que _____.

5. Il est probable que _____.

6. Il est peu probable que _____.

2Q On met le verbe de la subordonnée complétive au subjonctif quand le verbe de la principale exprime un sentiment. Mettez le verbe entre parenthèses au subjonctif. (Voir tableau 5.15.)

1. Elle serait ravie qu'ils _____ (venir) passer quelques jours chez elle au bord de la mer.

2. Il est louable que vous _____ (ne plus boire) d'alcool.

3. Il est merveilleux que nous _____ (se voir) plus souvent.

4. Ils avaient peur que leur enfant _____ (mourir) dans la nuit.

5. Il est scandaleux qu'on _____ (permettre) aux gens de détruire des forêts tropicales.

2R Choisissez entre le subjonctif et l'infinitif. (Voir tableau 5.15.)

1. Nous sommes tristes de _____ (ne pas pouvoir) partir avec vous.

2. Il est dommage que l'ouragan _____ (détruire/passé du subjonctif) cette jolie maison.

3. Je suis heureuse de/d' _____ (quitter) ce pays si froid.

4. Je suis content que votre voiture _____ (marcher) bien.

2S On met le verbe de la subordonnée complétive au subjonctif quand celle-ci est introduite par certaines conjonctions. Complétez les phrases suivantes en utilisant la forme correcte du verbe entre parenthèses. (Voir tableau 5.16.)

1. Il a bien chanté malgré le fait qu'il _____ (trop manger/passé du subjonctif) juste avant le spectacle.

2. Ta mère t'a laissé une note pour que tu _____ (acheter) du lait en rentrant.

3. Le chien est sorti pendant la nuit sans que je l'_____ (entendre).

4. Je vous accompagnerai pourvu que vous me _____ (payer) le voyage.

5. Elle ne peut pas parler à moins que tu ne _____ (se taire).

6. Je me suis levée avant que le réveille-matin ne _____ (retentir).

7. J'économise de l'argent en ce moment afin que mon épouse et moi _____ (pouvoir) acheter une maison l'année prochaine.

8. Bien que Thérèse _____ (être) malade, elle s'est quand même présentée aux examens.

2T Certaines des conjonctions du tableau 5.16 ont une forme prépositive équivalente qui est suivie d'un infinitif. N'oubliez pas que l'on n'utilise la préposition suivie de l'infinitif que si le sujet du verbe principal est le même que celui du verbe de la subordonnée. (On n'utilise la conjonction suivie du subjonctif que si le sujet du verbe principal est différent de celui du verbe de la subordonnée.) Complétez les phrases suivantes.

1. J'ai dit cela afin que tu _____.

2. J'ai dit cela afin de _____.

3. Je le ferai avant de _____.

4. Je le ferai avant qu'elle ne _____.

5. Nous acceptons votre décision à condition que Pierre _____ _____.

6. Nous acceptons votre décision à condition de _____ _____.

2U On met le verbe de la subordonnée complétive au subjonctif quand celle-ci est introduite par un verbe d'opinion ou de déclaration à la forme négative ou interrogative parce qu'à ce moment-là, on exprime l'incertitude ou l'improbabilité. Mettez le verbe entre parenthèses au subjonctif. (Voir tableau 5.17.)

1. Croyez-vous qu'ils _____ (venir) aux funérailles ?

2. Penses-tu que ce chien _____ (être) méchant ?

3. Trouves-tu que ma sœur _____ (écrire) mal ?

4. Je ne pense pas que tu _____ (pouvoir) finir tout ce travail avant midi, alors je sors sans toi.

5. Il ne croit pas que ceci _____ (être) possible.

Mais si ce qu'on dit ou ce qu'on pense est probable ou certain, ou si les verbes d'opinion et de déclaration sont à l'affirmatif, on emploie l'indicatif. Choisissez entre le subjonctif et l'indicatif.

6. Croyez-vous que les Martiens _____ (vouloir) visiter la terre ?

7. Crois-tu qu'il _____ (avoir) faim quand il rentrera ?

8. Je dis que vous _____ (être) stupide.

9. Je suis certain que la musique classique _____ (être) la meilleure.

10. Il me semble qu'il _____ (falloir) améliorer le système.

2V Complétez les phrases suivantes. (Voir tableau 5.17.)

1. Le groupe Arcade Fire a annoncé que _____.
_____.

2. Le professeur a dit que _____.

3. Nous voyons que ce professeur _____.

4. Il paraît que tes parents _____.

5. Vous ne pensez pas que _____.

6. J'ai dit que _____.

2W On emploie le subjonctif dans une subordonnée relative si l'information n'est pas confirmée ou s'il y a un élément de doute. Mettez les verbes entre parenthèses au subjonctif. (Voir tableau 5.18.)

1. Je cherche un mécanicien qui _____ (pouvoir) réparer ma voiture.

2. Elle cherche un docteur qui _____ (savoir) guérir sa maladie.

2X On emploie le subjonctif dans une subordonnée qui qualifie le superlatif lorsqu'il y a un élément de doute quant à la véracité de ce qu'on dit. C'est pour atténuer le ton absolu du superlatif. Complétez chaque phrase avec la forme appropriée du subjonctif. (Voir tableau 5.18.)

1. C'est le pire ragoût que j' _____ (jamais manger/passé du subjonctif).

2. C'est la meilleure nouvelle qu'on _____ (pouvoir) me donner en ce moment.

3. C'est la plus belle femme que je _____ (connaître).

2Y On emploie le subjonctif dans une subordonnée qui qualifie un restrictif (c'est-à-dire les expressions telles que *le seul...*, *l'unique...*, etc.) quand il y a le moindre élément de doute dans ce qu'on dit. Complétez chaque phrase avec la forme appropriée du subjonctif. (Voir tableau 5.18.)

1. Vous êtes sans doute la seule personne qui _____ (savoir) ce secret.

2. C'est le seul désir qu'il _____ (avoir) ?

3. Pierre est le seul qui _____ (pouvoir) me comprendre dans cette affaire.

2Z On emploie le présent du subjonctif dans la subordonnée complétive quand l'action du verbe est simultanée ou postérieure à celle de la proposition principale. Complétez chaque phrase avec la forme appropriée du présent du subjonctif. (Voir tableau 5.20.)

1. Je suis contente que tu _____ (être) ici avec moi ce soir.

2. Je ne crois pas qu'elle _____ (savoir) patiner.

3. Je doute que ma famille _____ (venir) chez moi à Pâques cette année.

On emploie le passé du subjonctif dans la subordonnée complétive quand l'action du verbe est antérieure à celle de la proposition principale. Complétez chaque phrase avec la forme appropriée du passé du subjonctif. (Voir tableau 5.20.)

4. Je suis heureuse que tu _____ (se marier) il y a deux mois.

5. Je ne pense pas qu'il _____ (neiger) pendant la nuit.

6. Je ne suis pas sûr qu'il _____ (être) malade la semaine dernière.

On emploie le passé du subjonctif dans la subordonnée complétive quand l'action du verbe est antérieure à un moment précisé, même dans l'avenir. Complétez chaque phrase avec la forme appropriée du passé du subjonctif. (Voir tableau 5.20.)

7. Le professeur ne croyait pas qu'ils _____ (tricher) à l'examen final.

8. C'est bizarre qu'elle _____ (laisser) ses enfants chez sa cousine.

9. Je suis content que vous _____ (ne pas oublier) d'acheter du vin.

10. Elle est ravie que nous _____ (rendre) visite à sa mère lors de notre voyage en Chine.

3 Traduction

3A Traduisez les phrases suivantes en français.

1. Thank you for helping me when I needed someone.

_____

2. Instead of studying, we watched movies on TV.

_____

3. I was going to become a doctor but I changed my mind.

_____

4. He is in the process of writing his memoirs.

_____

5. We are going to eat in five minutes.

_____

6. I hear them shouting.

_____

7. She heard us sighing and asked us what was the matter.

_____

8. Being patient will help you accomplish your goals.

_____

3B On emploie le subjonctif dans des propositions indépendantes (sans verbes ou expressions qui précèdent) pour exprimer un souhait d'une manière formelle ou pour exprimer un ordre ou une suggestion à la troisième personne. Traduisez les phrases suivantes en français. (Voir tableau 5.17.)

1. Long live the queen! _____

2. No one move! _____

3. Well, let him come in! _____

4. Let them wait! _____

5. May God forgive you! _____

3C On emploie le subjonctif dans une subordonnée relative si l'information n'est pas confirmée ou s'il y a un élément de doute. Traduisez les phrases suivantes en français. (Voir tableau 5.18.)

1. The director is looking for a woman who could play this role.

_____

2. I am looking for a professor who can explain the subjunctive to me.

_____

3D Traduisez les phrases suivantes en français. (Voir tableau 5.21.)

1. I am afraid that they are angry.

_____

2. It is essential that you understand this concept.

_____

3. I am furious that you said that to my boyfriend!

_____

4. It's not very likely that my team will win.

_____

5. Long live the prince!

_____

6. Jean-Claude had to leave France.

_____

7. She wanted to leave. She was very unhappy.

_____

8. I am happy to be able to help you.

_____

9. They are demanding that you speak.

_____

10. Do you want to speak?

_____

11. I will wait until you are quiet before I start to speak.

_____

12. I am sad that you're leaving.
_____

13. We are so happy that our cousins are emigrating to Canada.
_____

14. We were surprised to discover that he had embezzled our money.
_____

4 Correction

4A Complétez chaque phrase en choisissant soit le participe passé (faites l'accord si nécessaire), soit l'infinitif du verbe entre parenthèses ; ensuite, indiquez pourquoi vous avez fait ce choix en encerclant A pour un verbe conjugué avec un auxiliaire ou B pour un infinitif qui suit une préposition ou un verbe autre qu'un auxiliaire. (Voir tableau 5.23.)

Modèle :	Ils s'étaient _____ la veille. (voir)	A B
→	Ils s'étaient _vus_ la veille.	A B

1. Veronica et Denai ont voulu _____ (partir) plus tôt. A B
2. Il est utile de _____ (savoir) parler plusieurs langues. A B
3. Elle a toujours _____ (aimer) chanter. A B
4. Ils étaient _____ (rester) chez eux ce soir-là. A B
5. Pour bien _____ (comprendre), il faut vraiment écouter. A B

4B Choisissez la forme qui complète correctement la phrase. (Voir tableau 5.23.)

1. Comme il plaisante beaucoup, je _____ souvent. (ris/rie)
2. Il ne _____ le gazon qu'une fois par semaine. (ton/tond)
3. Au _____, il ne sait pas ce qu'il veut. (font/fond)
4. Je vous envoie mes meilleurs _____ pour la nouvelle année. (veux/vœux)
5. Elles ne se _____ pas parlé depuis plusieurs semaines. (son/sont)

5 Expression écrite

5A Complétez les phrases suivantes.

1. J'ai toujours apprécié les professeurs qui _____.
2. Je suis convaincu que _____.
3. Je ne participerai plus à ces réunions jusqu'à ce que _____
_____.
4. Aussitôt qu'elle arrivera, _____.
5. Du moment que vous êtes là, _____.
6. Elle a d'autant plus de mérite qu'elle _____.
7. Tous les préparatifs seront faits de sorte que _____
_____.
8. Quels que soient vos projets, _____.

5B Dites quatre choses que vous devez faire ou ne pas faire en employant chaque fois un verbe de nécessité différent.

1. _____
   _____ .

2. _____
   _____ .

3. _____
   _____ .

4. _____
   _____ .

5C Rédigez un courriel dans lequel vous expliquez à un(e) nouvel(le) employé(e) ce qu'il faut faire et ne pas faire au bureau (imaginaire ou non) où vous travaillez. Utilisez des expressions telles que : *Il faut que…, Il est indispensable de…, Il est souhaitable que…, Il est préférable de ne pas…,* etc.

_____
_____
_____
_____
_____
_____
_____
_____
_____
_____
_____
_____
_____
_____

CHAPITRE 6

Vocabulaire

EXERCICE 1 : Mots à compléter
EXERCICE 2 : Correspondances
EXERCICE 3 : Phrases à composer
EXERCICE 4 : Paragraphes à composer

Lecture

Le festival de Cannes en questions (extrait de site Web) avec questions de compréhension

Grammaire

1. Les pronoms personnels
2. Traduction
3. Correction
4. Expression écrite

Vocabulaire

Exercice 1 : Mots à compléter

Complétez les mots suivants à l'aide des lettres données. Les mots sont tirés du vocabulaire du chapitre 6.

1. Charlie Chaplin était une grande vedette des films m _ _ t _ des années 30.

2. Dans le dernier film de John Cameron, il y avait beaucoup d' _ f _ _ _ _   s _ _ c _ _ _ x.

3. Ce cinéaste africain a eu de la difficulté à t _ _ _ _ _ _ son film au Soudan.

4. On veut c _ _ _ _ _ _ _ son film à cause des scènes trop violentes.

5. J'ai vu un film hier soir. Quel n _ v _ _ ! Les acteurs étaient nuls et le scénario simpliste.

Exercice 2 : Correspondances

Reliez les mots de la colonne A à ceux de la colonne B pour former une phrase. Les mots de la colonne B sont dans le désordre.

Colonne A		Colonne B
1. Une cascadeuse	____	a) ne fera pas salle comble...
2. Un cinéphile	____	b) attire des grandes célébrités du monde entier...
3. Les décors modernes	____	c) prend des risques...
4. Un « four »	____	d) attend sa chance d'être découverte...
5. Le festival de Cannes	____	e) peuvent coûter très cher...
6. Cette figurante	____	f) va souvent voir des films...
7. Ce film va bientôt	____	g) il y avait les films muets...
8. Une grande vedette	____	h) dure au moins une heure...
9. Un long-métrage	____	i) sortir sur les écrans...
10. Avant les films parlants	____	j) joue le rôle principal...

Puis complétez chacune des phrases en suivant l'exemple donné.

1. Une cascadeuse prend des risques e*n faisant des choses dangereuses comme sauter d'un toit ou d'un train en marche.*

2. Un cinéphile _____
_____.

3. Les décors modernes _____
_____.

4. Un « four » _____
_____.

5. Le festival de Cannes _____
_____.

Exercice 3 : Phrases à composer

Choisissez deux paires de mots de la même famille parmi les quatre paires ci-dessous. Composez une phrase d'au moins huit mots pour chaque élément de la paire en utilisant le contexte du cinéma. Il y a donc quatre phrases à rédiger au total.

Paire 1	Paire 2	Paire 3	Paire 4
produire	censurer	mettre en scène	un scénario
la production	la censure	une mise en scène	une scène

Phrase 1 : _____
_____

Phrase 2 : _____
_____

Phrase 3 : _____

Phrase 4 : _____

Exercice 4 : Paragraphes à composer

Répondez à chacune des questions ci-dessous en rédigeant un paragraphe d'environ 50 mots.

1. Qui est votre acteur/actrice préféré(e) ? Pourquoi aimez-vous ses films ?
_____
_____
_____
_____

2. Racontez un film que vous avez vu dernièrement et que vous avez beaucoup aimé.

_____

_____

_____

_____

_____

3. Selon vous, quelles sont les qualités d'un bon film ?

_____

_____

_____

_____

_____

Lecture

Lisez le texte ci-dessous puis répondez aux questions de compréhension.

Créé en 1937, le festival de Cannes est un des festivals de cinéma les plus prestigieux du monde. Ce festival annuel a lieu au mois de mai dans la ville de Cannes en France et il attire les plus grandes vedettes du 7ᵉ art. Le prix prestigieux accordé au meilleur film s'appelle la Palme d'Or.

Le festival de Cannes en questions

Quelle est la mission du festival de Cannes ?
Depuis ses origines, le festival de Cannes est fidèle à sa vocation fondatrice : révéler et **mettre en valeur** des œuvres pour servir l'évolution du cinéma, favoriser le développement de l'industrie du film dans le monde et célébrer le 7ᵉ art à l'international.

C'est quoi la « Sélection officielle » ?
Elle met en valeur la diversité de la création cinématographique à travers différents **volets** tels que la *Compétition* et *Un Certain Regard*. Des films qui illustrent le « cinéma d'auteur grand public » sont présentés en *Compétition* et *Un Certain Regard* met l'accent sur des œuvres originales dans leur propos et leur esthétique. La Sélection officielle repose aussi sur les films **Hors Compétition**, les *Séances Spéciales* et les *Séances de minuit, Cannes Classics* et la sélection Cinéfondation de films d'école.

Que représentent aujourd'hui les « Marches rouges » ?
C'est un des aspects de la manifestation et bien sûr la partie la plus médiatique de l'événement. Pour l'organisation, c'est d'abord l'opportunité d'accueillir pour la première fois et avec les **mêmes égards**, les plus grands artistes du cinéma mondial et les talents émergents. C'est également l'occasion d'honorer la créativité des artistes sur laquelle repose le prestige du Festival.

En quoi consistent les sélections non compétitives ?

Les films *Hors Compétition* sont souvent des films-événements qui marquent l'année de cinéma et les *Séances Spéciales* et *Séances de minuit* offrent une exposition sur mesure à des œuvres plus personnelles. Les films du patrimoine en copies restaurées sont mis en valeur à *Cannes Classics* qui accueille également **des hommages** et des documentaires sur le cinéma.

Quelle place est réservée au court-métrage à Cannes?

À Cannes, le court métrage est représenté par la Compétition, **à l'issue** de laquelle le Jury des courts métrages remet une Palme d'or et par le Short Film Corner, un espace professionnel dédié aux rencontres, aux échanges, à la promotion des films.

En 2010, le Festival a créé « Cannes Court Métrage » qui réunit ces deux entités dans une dynamique complémentaire pour offrir un panorama complet de la création mondiale au format court et stimuler la créativité de ses auteurs.

Quelles sont les initiatives du Festival en faveur de la création ?

Le Festival est très attentif à découvrir de nouveaux talents et à servir de **tremplin** à la création. Le développement de « Cannes Court Métrage » va dans ce sens. Plusieurs actions destinées à soutenir les talents du futur ont déjà été mises en œuvre : la Caméra d'Or récompense le meilleur premier film présenté, soit en Sélection officielle, soit à la Quinzaine des Réalisateurs ou à la Semaine de la Critique.

Quant à la Cinéfondation, qui présente des films d'écoles de cinéma dans le cadre de la Sélection officielle et organise également la Résidence et l'Atelier, elle est un observatoire sur les tendances du cinéma de demain.

Comment entretenez-vous la dimension internationale de la manifestation ?

Les films sélectionnés et les professionnels accrédités au Festival viennent du monde entier et la couverture médiatique de l'événement est internationale. Le festival de Cannes offre par ailleurs à tous les pays producteurs de cinéma la possibilité de présenter la richesse de leur cinématographie dans le cadre du Village international, qui comptait plus de 40 pays en 2010. Pour continuer d'encourager cette dimension, 6 nouvelles langues ont été ajoutées au site officiel en 2010. En plus du français et de l'anglais, les internautes peuvent désormais suivre la manifestation en espagnol, portugais, chinois, japonais, arabe et russe. [...]

Que fait le Festival pour le grand public ?

La carrière d'un film et la réputation d'un auteur reposent avant tout sur **son accueil** en salles. Bien qu'il soit réservé aux professionnels, le Festival est attentif à cette réalité et se prépare d'ailleurs à mieux adapter son accueil des cinéphiles.

Cette année, le film d'ouverture sort en salles en France le jour de sa présentation à Cannes et la cérémonie d'Ouverture sera **diffusée** dans les cinémas afin que les spectateurs puissent vivre en direct la soirée de lancement du Festival.

À Cannes, le Cinéma de la Plage, salle hors les murs, propose chaque soir un film et depuis 2010 parfois **en avant-première mondiale**, dans le cadre d'une programmation thématique. Ce sont des projections en plein air ouvertes à tous qui représentent un lien fort avec le public.

Le Festival va avoir 64 ans, quel est le secret de sa longévité ?

Le Festival est solidement **ancré** dans son histoire, mais il est aussi très attentif à accueillir la nouveauté et l'originalité. Au fil des années, il a évolué en cherchant à préserver ses valeurs essentielles : la cinéphilie, la découverte de nouveaux talents, l'accueil des professionnels et des journalistes venus du monde entier pour contribuer à la naissance et à la diffusion des films. Pendant la 64e édition, du 11 au 22 mai prochain, des projets vont naître, des expériences vont se transmettre, des cultures vont se rencontrer : c'est aussi cette effervescence qui fait du festival de Cannes le reflet de son époque.

http://www.festival-cannes.fr/fr/about/whoWeAre.html © AFFIF

Vocabulaire pour la compréhension

mettre en valeur — *to highlight*

volets : les différentes parties du festival — *sections*

Hors Compétition : qui n'est pas en compétition pour un prix (Palme d'Or)

mêmes égards — *same considerations*

des hommages — *special tributes*

à l'issue : à la fin (de laquelle)

tremplin — *stepping stone*

son accueil : la réception du film, la façon dont le public réagit au film
        (positivement, par exemple)

diffusée — *to be broadcast*

en avant-première mondiale — *world preview*

ancré — *to be rooted*

Compréhension globale

Dites si les affirmations suivantes sont vraies (V) ou fausses (F).

1. Le Festival met en valeur surtout des films pour le grand public. ____

2. La mission du festival de Cannes est plutôt globale : celle-ci veut encourager l'évolution du domaine du cinéma et célébrer cet art. ____

3. Le choix des films est international, ainsi que la couverture médiatique. ____

4. La Sélection officielle comprend des films qui ne sont pas en compétition. ____

5. Il n'y a pas de prix pour les films hors compétition ni pour les courts-métrages. ____

6. Le Festival offre des activités intéressantes pour le grand public. ____

7. Le Festival de 2010 était plus original et nouveau que les festivals précédents. ____

8. La créativité joue un rôle important dans le Festival et dans sa programmation. ____

Compréhension détaillée

1. Expliquez comment aujourd'hui, 64 ans après ses débuts, le festival de Cannes demeure fidèle à sa mission.

   _____

   _____

2. On dit que les « Marches rouges » attirent beaucoup d'attention médiatique. Pour quelles raisons ?

   _____

   _____

3. À quelle réalité le festival de Cannes est-il attentif ? Comment fait-il pour l'être?

   _____

   _____

4. Mentionnez trois éléments qui démontrent le caractère international du Festival.

   _____

   _____

   _____

Réflexion et discussion

1. Connaissez-vous le réalisateur (et le nom du film) qui a gagné la Palme d'Or en 2011 ? De quel genre de film s'agissait-il ?

_____

_____

2. Quels sont les grands festivals de films de l'Amérique du Nord ?

_____

_____

Grammaire

Que sais-je ?

Indiquez la bonne réponse et expliquez votre choix.

1. Dans la phrase « Ce film, je vais le voir avec elle », il y a...

_____ a) un pronom personnel.

_____ b) deux pronoms personnels.

_____ c) trois pronoms personnels.

2. Dans la phrase « Cette comédie, elle l'a vue à la télé », le pronom *l'* remplace...

_____ a) *elle.*

_____ b) *la télé.*

_____ c) *cette comédie.*

3. Dans la phrase « Elle ne le lui a pas dit », le pronom complément d'objet indirect est le mot...

_____ a) *elle.*

_____ b) *le.*

_____ c) *lui.*

4. Dans la phrase « Je ne la lui ai pas donnée », le pronom complément d'objet direct est le mot...

_____ a) *lui.*

_____ b) *la.*

_____ c) *je.*

5. Dans la phrase « Nous les leur avons prêtés », le participe passé s'accorde avec le mot...

_____ a) *nous.*

_____ b) *les.*

_____ c) *leur.*

6. Après la préposition *avec*, on peut utiliser le pronom...

_____ a) *lui.*

_____ b) *le.*

_____ c) *la.*

1 Les pronoms personnels

1A Le pronom personnel sujet précède généralement le verbe, mais il doit parfois être placé après le verbe dans certaines constructions. Ajoutez un pronom sujet pour compléter les phrases suivantes. (Voir tableau 6.4.)

1. _____ travaille très fort et elle gagne un bon salaire.

2. _____ est très doué pour la musique.

3. _____ nous préparons pour la fête de ce soir.

4. _____ me lève à six heures tous les matins.

5. _____ êtes un athlète célèbre, n'est-ce pas ?

6. _____ est le président de la France actuellement.

7. _____ est morte à l'âge de 36 ans. Un de ses meilleurs films était *Some Like it Hot*, tourné en 1959.

8. Avez-_____ quelque chose d'intéressant à me raconter ?

9. Sinead O'Connor ? Où est-_____ née ?

10. Et lui, comment va-t-_____ ?

11. Eux, _____ sont toujours en retard. C'est frustrant !

12. « On a de la veine, dit-_____, pas de flics nulle part. »

13. Voudrais-_____ participer à ce concours ?

14. À peine l'infirmière était-_____ entrée dans la chambre que le patient est mort.

15. Moi Madame, _____ sais la réponse.

1B Mettez les verbes suivants à la forme et au temps/mode indiqués. Mettez le pronom réfléchi au bon endroit et faites attention aux accords. (Voir tableau 6.7.)

1. s'habiller (impératif affirmatif/vous)

_____

2. se taire (impératif affirmatif/toi)

_____

3. se lever (impératif négatif/toi)

_____

4. se disputer (impératif négatif/nous)

_____

5. se laver (elles/passé composé)

_____

6. s'amuser (ils/imparfait)

_____

7. se battre (les enfants/présent/phrase négative)

8. se souvenir (nous/futur simple)

9. se promener (nous/conditionnel)

10. se fatiguer (je/passé composé)

1C **Récrivez chaque phrase en remplaçant les mots soulignés par un pronom objet direct ou indirect. Mettez le pronom au bon endroit et faites attention aux accords. (Voir tableaux 6.5 et 6.6.)**

1. Je vais acheter cette lampe <u>à ma mère</u>.

2. Avez-vous mis <u>la fortune que votre oncle vous a laissée</u> à la banque ?

3. Je refuse de croire que tu parles <u>à Jean-Pierre</u> tous les soirs.

4. J'ai demandé un peu d'argent <u>à ma copine</u>.

5. Saluez <u>vos parents</u> de ma part quand vous allez voir <u>vos parents</u>.

6. Il a téléphoné <u>à tous les membres du comité</u> pour les convaincre de voter comme lui.

7. Cet enfant n'a jamais aimé <u>son frère</u>.

8. N'oubliez pas d'aider <u>le facteur</u> à monter <u>le grand colis que j'attends</u>.

9. Tu as noté <u>leur adresse</u> ?

10. Tu as pris <u>le train</u> ?

1D **Répondez aux questions suivantes en remplaçant les mots soulignés par le pronom invariable *y*. (Voir tableau 6.8.)**

1. Allez-vous répondre <u>au télégramme</u> ? (oui)

2. A-t-elle répondu <u>à la lettre</u> ? (oui, déjà)

3. Ne peux-tu pas répondre <u>à la question du professeur</u> ? (si)

4. Jouent-ils <u>au badminton</u> ? (non/ne... jamais)

_____

5. Aimez-vous jouer <u>au tennis</u> ? (oui)

_____

6. Tenez-vous beaucoup <u>à votre travail</u> ? (oui)

_____

7. Est-ce que vos cousins passent beaucoup de temps <u>à la plage</u> ? (oui)

_____

8. Est-ce que Jean Chrétien habite toujours <u>à Ottawa</u> ? (non/ne... plus)

_____

9. As-tu réfléchi <u>à ce problème</u> ? (non/ne... pas encore)

_____

10. As-tu l'intention de vivre <u>aux Antilles</u> ? (oui)

_____

11. Est-ce que la bonne a remis l'argenterie <u>dans le tiroir</u> ? (non)

_____

12. Est-ce que le voleur a caché son butin <u>derrière le sofa</u> ? (non)

_____

13. Devons-nous aller <u>à l'hôpital</u> ? (oui)

_____

14. Vas-tu <u>en Argentine</u> cette année ? (non)

_____

15. Faisait-elle attention <u>à la qualité de son travail</u> ? (non)

_____

1E **Répondez affirmativement et négativement aux questions suivantes.**

Modèle : Êtes-vous déjà allé(e) en Algérie ?

→ *Oui, j'y suis déjà allé(e).*

→ *Non, je n'y suis pas encore allé(e).*

1. Êtes-vous déjà allé(e) en Roumanie ?

_____

_____

2. Êtes-vous déjà allé(e) en Norvège ?

_____

_____

3. Êtes-vous déjà allé(e) aux Pays-Bas ?

_____

_____

1F Récrivez les phrases suivantes en remplaçant les mots soulignés par *y, lui* ou *leur*. (Voir tableaux 6.6 et 6.8.)

1. J'ai parlé <u>au docteur</u> à propos de mon opération.

_____

2. Les parents doivent apprendre <u>à leurs enfants</u> comment se comporter.

_____

3. Il n'aime pas penser <u>à ce genre de choses</u>.

_____

4. Cette fille est tellement bavarde qu'elle téléphone <u>à tous ses amis</u> tous les soirs.

_____

5. Je ne m'attendais pas <u>à cette proposition</u>.

_____

1G Répondez aux questions suivantes en remplaçant les mots soulignés par un pronom.

1. Les végétariens mangent-ils <u>de la viande</u> ? (non)

_____

2. Dans un restaurant, prenez-vous <u>de la soupe</u> pour commencer ? (oui/je)

_____

3. Est-ce que les bébés boivent beaucoup <u>de lait</u> ? (oui)

_____

4. Quand vos parents font la cuisine, ajoutent-ils <u>de l'ail</u> aux plats qu'ils préparent ? (non)

_____

5. Seras-tu content <u>de partir en vacances</u> ? (oui)

_____

6. Avez-vous envie <u>de lire plusieurs livres</u> ? (non/je)

_____

7. Crois-tu qu'elle a trop <u>d'ennemis</u> ? (oui)

_____

8. As-tu besoin <u>de ma voiture</u> pour faire les courses ? (non)

_____

9. Avez-vous envie <u>de partir en vacances sans vos enfants</u> ? (oui/nous)

_____

10. Avez-vous visité beaucoup <u>de musées à Paris</u> ? (oui/je)

_____

11. Sont-ils allés <u>à Moscou</u> ? (non)

_____

1H Complétez chaque phrase avec le pronom disjoint qui convient. (Voir tableau 6.10.)

1. L'ancien directeur ! On ne parle plus de _____.

2. Ce n'est pas _____ qui ai dit cela.

3. _____, tu n'es jamais prêt à temps.

4. Selon Warren Beatty, Madonna est très égoïste. Elle ne pense qu'à _____.

5. _____ seul pouvez faire ce genre de travail.

6. Cette maison est à _____ (Marie).

7. Nous nous adressons à _____ (frères Lambert).

8. Moi et _____, nous nous comprenons, n'est-ce pas ? (une copine)

9. Le soir, on rentre chez _____.

10. J'ai reçu un cadeau de/d' _____ (mes parents).

11. As-tu eu des nouvelles de/d' _____ ? (tes cousines)

1I **On utilise la préposition *à* suivie d'un pronom disjoint pour bien préciser qui est le possesseur. Cette construction permet également de renforcer l'adjectif possessif. Ajoutez cette préposition et ce pronom pour clarifier ou pour renforcer les phrases suivantes.**

1. C'est sa maison _____. (*her*)

2. Il a acheté sa voiture _____ (*his own*) parce que ses parents ne voulaient pas lui prêter la leur.

3. Mes parents _____ sont très snobs.

4. Mon mariage_____ n'a pas eu lieu dans une église.

5. Notre voyage _____ s'est très bien passé.

6. Leurs nièces _____ (*their/masc.*) sont actrices.

7. Tu achètes ton ordinateur _____ ?

8. Vous avez votre vélo _____ ?

1J **Récrivez chaque phrase en remplaçant les mots soulignés par un pronom personnel.**

1. La reine avait soixante ans quand je l'ai vue.

_____

2. Est-ce que toi et ta sœur partez ce soir avec les autres invités ?

_____

3. Le président de la compagnie s'est entretenu avec son avocat avant de répondre aux questions des journalistes.

_____

4. Elle écrit fidèlement à ses petites nièces.

_____

5. Marie et Paul sont arrivés très tard hier soir.

_____

1K **Indiquez la fonction grammaticale du pronom souligné. (Voir tableau 6.2.)**

Modèle : Elle a répondu au professeur.

→ *Elle = sujet*

1. Je les ai lus avant d'arriver. (les poèmes de Pablo Neruda)

_____

2. Nous l'avons achetée. (la robe rouge)

_____

3. Mes parents étaient fâchés. Et les tiens ? Hélas, ils l'étaient aussi.

4. Est-ce que les jumeaux s'entendent bien ? S'écrivent-ils toujours ?

5. Je pense à lui.

6. Vous parlez d'eux.

7. Elle ne sortira jamais avec toi.

8. Vous, vous croyez que Dieu existe ?

9. C'est elle la victime.

10. Il faut s'habiller élégamment pour les entrevues.

11. « Peut-être aura-t-elle la bonté de me répondre ? » demanda le juge sarcastiquement.

1L **Récrivez les phrases en remplaçant les mots soulignés par les pronoms qui conviennent et en mettant ceux-ci dans le bon ordre et à la bonne place dans la phrase. (Voir tableaux 6.13 et 6.14.)**

1. On a trouvé la voiture dans le fossé le lendemain.

2. Ils inscrivent leurs enfants dans les meilleures écoles.

3. J'ai parlé de mes problèmes au professeur.

4. Elle donne souvent de l'argent aux pauvres.

5. Ils invitent parfois ma sœur dans leur chalet.

6. Le garçon apporte de la soupe aux clients.

7. Vous avez mis mes lettres dans la boîte ?

8. Donne ces jouets à ta sœur !

9. Expliquez la leçon aux étudiants.

10. Ne parle pas de cette affaire à ta mère.

2 Traduction

Traduisez les phrases suivantes en français. (Voir tableau 6.15.)

1. Help me!

2. Please lend me your textbook. I have lost mine.

3. Will you write to me while you are gone?

4. I used to talk to them every day but then we drifted apart.

5. Buy me two of them at the store.

6. She invited us to her party.

7. Say something to me! Your silence is unbearable.

8. He had them learn it by heart.

9. Did they answer you?

10. Do you think they are going to accompany her to Europe?

2B Traduisez les phrases suivantes en français.

1. Does she need her father's money? Yes! She needs it.

2. Take advantage of your freedom! Take advantage of it!

3. Does he have ambition? No, he doesn't have a lot.

4. Don't smoke so many cigars. Don't smoke so many.

5. Tell me about your trip. Tell me about it.

_____

_____

2C **Traduisez les phrases suivantes en français.**

1. Have a good time!

_____

2. Let's not get up that early any more!

_____

3. Let's meet at the Café Richard around 4 p.m.

_____

4. They used to write many letters to each other.

_____

5. We took a walk before dinner.

_____

2D **Traduisez les phrases suivantes en français.**

1. Ask him for the price.

_____

2. I'm looking for my notebook.

_____

3. Will you wait for her if she is late?

_____

4. Listen to your mother. She knows best.

_____

5. Here she comes!

_____

6. There they are: the two most famous actors in Hollywood.

_____

7. Several of them arrived late.

_____

8. Many of them were no longer willing to continue the war.

_____

9. A few of you will have to give up your privileges.

_____

10. Sing it yourself!

_____

2E **S'il y a un pronom objet dans la phrase, il précède l'infinitif dont il est le complément. Traduisez les phrases suivantes en français.**

1. I don't think he can do it.

_____

2. I have to explain it to them.

_____

3. You can't understand this?

_____

4. He must have said it.

_____

3 Correction

3A **Choisissez le pronom qui serait en mesure de remplacer l'antécédent indiqué. (Voir tableau 6.18.)**

Modèle : nos employés

_____ a) nous

_✓__ b) leur

_____ c) lui

_____ d) aucune des réponses ci-dessus

1. votre idée

_____ a) les

_____ b) vous

_____ c) l'

_____ d) aucune des réponses ci-dessus

2. cet exercice

_____ a) le

_____ b) on

_____ c) la

_____ d) aucunc des réponses ci-dessus

3. moi

_____ a) elle

_____ b) lui

_____ c) on

_____ d) aucune des réponses ci-dessus

4. certaines écoles

_____ a) on

_____ b) eux

_____ c) elles

_____ d) aucune des réponses ci-dessus

5. ton amie

_____ a) il

_____ b) toi

_____ c) elle

_____ d) aucune des réponses ci-dessus

3B **Corrigez les phrases suivantes. (Voir tableau 6.18.)**

1. Trouvez la faute et corrigez-les.

2. — Tu ne trouves pas que ce film est génial ?

   — Je ne veux pas y parler.

3. Nous les avions invités, mais Pablo n'a pas pu venir.

4. Ils ont fait des remarques désobligeantes à votre égard et tu ne t'es même pas offusqué.

5. Dans ce film, il s'agit d'un tueur en série toujours actif qui prétend mettre fin à une organisation qui vend les meilleurs joueurs de hockey aux Américains, les deux enquêteurs se mettent en action pour l'arrêter avant qu'ils ne commettent un autre assassinat.

4 Expression écrite

4A **Faites le résumé (entre 50 et 60 mots) de la critique du film *Bon Cop, Bad Cop*.**

_____

_____

_____

_____

_____

_____

_____

_____

_____

Vocabulaire

Lecture

Une vendetta (conte de Guy de Maupassant)
avec questions de compréhension

Grammaire

Vocabulaire

Exercice 1 : Mots à compléter

Complétez les mots suivants à l'aide des lettres données. Les mots sont tirés du vocabulaire du chapitre 7.

1. Hier soir, vers 19h, une fillette de sept ans a été e _ l _ _ _ _. Les ravisseurs n'ont pas encore contacté la famille.

2. Ce jeune garçon a été arrêté pour _ o _ à main armée. Il avait b _ _ q _ _ la même banque à plusieurs reprises, mais cette fois-ci on l'a attrapé.

3. Quelques jours plus tard, dans son bureau du c _ _ m _ _ _ _ _ i _ _ de police, le commissaire Maigret était toujours aussi perplexe quant à l' a _ _ _ _ _ _ n _ _ de cette jeune fille.

4. On a trouvé le c _ _ _ _ r _ derrière un édifice abandonné. On ne connaît pas le m _ _ _ _ _ du crime, mais on pense que la mafia est impliquée.

5. Quand les inspecteurs sont arrivés sur la scène du crime, un corps g _ _ _ _ t sur le sol, derrière un restaurant. On avait d _ s _ _ n _ _ un jeune homme de 30 ans en plein jour.

Exercice 2 : Correspondances

Reliez les mots de la colonne A à ceux de la colonne B pour former des expressions liées au travail d'un inspecteur de police. Les mots de la colonne B sont dans le désordre.

Colonne A		Colonne B
1. mener	___	a) le ou les coupable(s)
2. chercher	___	b) une enquête
3. parler	___	c) le mobile du crime
4. trouver	___	d) un crime
5. arrêter	___	e) des indices
6. résoudre	___	f) aux témoins

Exercice 3 : Phrases à compléter

Complétez les phrases suivantes en utilisant le vocabulaire lié au crime.

1. C'est l'inspecteur de police qui

_____.

2. Ce ne sont pas les témoins que

_____.

3. C'est l'endroit où

_____.

4. Ce sont les indices qui

_____.

5. C'est bien l'arme du meurtre dont

_____.

Exercice 4 : Phrases à composer

Choisissez quatre mots parmi les mots proposés ci-dessous et composez une phrase d'au moins huit mots avec chacun des mots choisis.

un cambrioleur	un meurtre	une agression
cambrioler	un meurtrier	agresser

Phrase 1 : _____

_____

Phrase 2 : _____

_____

Phrase 3 : _____

_____

Phrase 4 : _____

_____

Lisez le texte ci-dessous puis répondez aux questions de compréhension.

Une vendetta

La **veuve** de Paolo Saverini habitait seule avec son fils une petite maison pauvre sur les **remparts** de **Bonifacio**. La ville, bâtie sur une **avancée** de la montagne, regarde, suspendue même par places au-dessus de la mer, la côte plus basse de la **Sardaigne**. À ses pieds, de l'autre côté, la contournant presque entièrement, une coupure de la **falaise**, qui ressemble à un gigantesque corridor, lui sert de port, amène jusqu'aux premières maisons les petits bateaux pêcheurs italiens ou sardes, et, chaque quinzaine, le vieux bateau à vapeur poussif qui fait le service d'**Ajaccio**. Sur la montagne blanche, le tas de maisons pose une tache plus blanche encore. Elles ont l'air de nids d'oiseaux sauvages, accrochées ainsi sur ce roc, dominant sur ce passage terrible où ne s'aventurent guère les navires. Le vent, sans repos, fatigue la côte nue, à peine vêtue d'herbe ; il s'engouffre dans le détroit, dont il ravage les deux bords.

La maison de la veuve Saverini, **soudée** au bord même de la falaise, ouvrait ses trois fenêtres sur cet horizon sauvage et désolé. Elle vivait là, seule, avec son fils Antoine et leur chienne « Sémillante », grande bête maigre, aux poils longs et rudes, de la race des gardeurs de troupeaux. Elle servait au jeune homme pour chasser.

Un soir, après une dispute, Antoine Saverini fut tué traîtreusement, d'un coup de couteau, par Nicholas Ravolati, qui, la nuit même, se rendit en Sardaigne. Quand la vieille mère reçut le corps de son enfant, elle ne pleura pas, mais elle demeura longtemps immobile à le regarder, puis, étendant sa main ridée sur le cadavre, elle lui promit la vendetta. Elle ne voulut point qu'on restât avec elle, et elle s'enferma auprès du corps avec la chienne, qui hurlait. Elle **hurlait**, cette bête, d'une façon continue, debout au pied du lit, la tête tendue vers son maître, et la queue serrée entre les pattes. Elle ne bougeait pas plus que la mère, qui, penchée maintenant sur le corps, l'œil fixe, pleurait de grosses larmes muettes en le contemplant.

Le jeune homme, sur le dos, vêtu de sa veste de gros drap, trouée et déchirée à la poitrine, semblait dormir ; mais il avait du sang partout. La vieille mère se mit à lui parler. Au bruit de cette voix, la chienne **se tut**.

— Va, va, tu seras vengé, mon garçon, mon pauvre enfant. Dors, dors, tu seras vengé, entends-tu ? C'est la mère qui le promet ! Et elle tient toujours sa parole, la mère, tu le sais bien.

Et lentement elle se pencha vers lui, collant ses lèvres froides sur les lèvres mortes. Alors, Sémillante se remit à **gémir**. Elle poussait une longue plainte monotone, déchirante, horrible. Elles restèrent là, toutes les deux, la femme et la bête, jusqu'au matin. Antoine Saverini fut enterré le lendemain, et bientôt on ne parla plus de lui dans Bonifacio.

*

Il n'avait laissé ni frère, ni proches cousins. Aucun homme n'était là pour poursuivre la vendetta. Seule, la mère y pensait. De l'autre côté du détroit, elle voyait du matin au soir un point blanc sur la côte. C'est un petit village sarde, Longosardo, où se réfugient les bandits corses traqués de trop près. Ils peuplent presque seuls ce hameau, en face des côtes de leur patrie, et ils attendent là le moment de revenir, de retourner au maquis. C'est dans ce village, elle le savait, que s'était réfugié Nicholas Ravolati. Toute seule, tout le long du jour, assise à sa fenêtre, elle regardait là-bas en songeant à la vengeance. Comment ferait-elle sans personne, infirme, si près de la mort ? Mais elle avait promis, elle avait **juré** sur le cadavre. Elle ne pouvait oublier, elle ne pouvait attendre. Que ferait-elle ? Elle ne dormait plus la nuit ; elle n'avait plus ni repos ni apaisement ; elle cherchait, obstinée. La chienne sommeillait, et, parfois, levant la tête, hurlait au loin. Depuis que son maître n'était plus là, elle hurlait souvent ainsi, comme si elle l'eut appelé, comme si son âme de bête, inconsolable, eut aussi gardé le souvenir que rien n'efface.

Or, une nuit, comme Sémillante se remettait à gémir, la mère eut une idée, une idée de sauvage vindicatif et féroce. Elle la médita jusqu'au matin ; puis levée dès les approches du jour, elle se rendit à l'église. Elle pria devant Dieu, le suppliant de l'aider, de la soutenir, de donner à son pauvre corps usé la force qu'il lui fallait pour venger le fils. Puis, elle rentra. Elle avait dans sa cour un ancien **baril défoncé** qui recueillait l'eau dans les **gouttières** ; elle le renversa, le mis contre le sol avec des pieux et des pierres ; puis elle enchaîna Sémillante à cette niche, et elle rentra. Elle marchait sans repos dans sa chambre, l'œil fixé toujours sur la côte de la Sardaigne. Il était là-bas l'assassin.

La chienne, tout le jour et toute la nuit hurla. La vieille, au matin, lui porta de l'eau dans une jatte ; mais rien de plus ; pas de soupe, pas de pain. La journée encore s'écoula. Sémillante, exténuée, dormait. Le lendemain, elle avait les yeux luisants, le poil hérissé, et elle tirait éperdument sur sa chaîne. La vieille ne lui donna encore rien à manger. La bête, devenue furieuse, **aboyait** d'une voix **rauque**. La nuit encore se passa.

Alors, au jour levé, la mère Saverini alla chez le voisin, demander deux bottes de paille. Elle prit de vieux vêtements qu'avait portés autrefois son mari, et les bourra de fourrage, pour simuler un corps humain. Ayant piqué un bâton dans le sol, devant la niche de Sémillante, elle noua dessus ce mannequin, qui semblait ainsi se tenir debout. Puis elle figura la tête au moyen d'un paquet de vieux linge. La chienne, surprise, regardait cet homme de paille, et se taisait bien que dévorée de faim. Alors, la vieille alla acheter chez le charcutier un long morceau de **boudin** noir. Rentrée chez elle, elle alluma un feu de bois dans sa cour, auprès de la niche, et fit griller son boudin. Sémillante, affolée, bondissait, **écumait**, les yeux fixés sur le gril. Puis la mère fit de cette bouillie fumante une cravate à l'homme de paille. Elle la lui **ficela** longtemps autour du cou, comme pour la lui rentrer dedans. Quand ce fut fini, elle déchaîna la chienne.

D'un saut formidable, la bête atteignit la gorge du mannequin, et, les pattes sur les épaules, se mit à le déchirer. Elle enlevait le visage par grands coups de dents, mettait **en lambeaux** le col entier. La vieille, immobile et muette, regardait, l'œil allumé. Puis elle enchaîna la bête, la fit encore jeûner deux jours, et recommença, cet étrange exercice. Pendant trois mois, elle l'habitua à cette sorte de lutte, à ce repas acquis à coups de dents. Elle ne l'enchaînait plus maintenant, mais elle la lançait d'un geste sur le mannequin. Elle lui avait appris à le déchirer, à le dévorer, sans même qu'aucune nourriture fut cachée en sa gorge. Elle lui donnait ensuite, comme récompense, le boudin grillé pour elle. Dès qu'elle apercevait l'homme de paille, Sémillante frémissait, puis tournait les yeux vers sa maîtresse, qui lui criait : « Va ! » d'une voix sifflante, en levant le doigt. Quand elle jugea le temps venu, la mère Saverini alla se confesser et communia, un dimanche matin, avec une ferveur extatique ; puis, ayant revêtu des habits d'homme, semblable à un vieux pauvre, elle fit marché avec un pêcheur sarde, qui la conduisit, accompagnée de sa chienne, de l'autre côté du détroit. Elle avait dans un sac de toile, un grand morceau de boudin. Sémillante jeûnait depuis deux jours. La vieille femme, à tout moment, lui faisait sentir la nourriture odorante, et l'excitait.

Elles entrèrent dans Longosardo. Elle se présenta à un boulanger et demanda la demeure de Nicholas Ravolati. Il avait repris son ancien métier, celui de menuisier. Il travaillait seul au fond de sa boutique. La vieille poussa la porte et l'appela. Il se tourna ; alors, lâchant sa chienne, elle cria :

— Va, va, dévore, dévore !

L'animal affolé, s'élança, saisit la gorge. L'homme étendit les bras, roula par terre. Pendant quelques secondes, il se tordit, battant le sol de ses pieds ; puis il demeura immobile, pendant que Sémillante lui dévorait le cou, qu'elle arrachait par lambeaux. Deux voisins, assis sur leur porte, se rappelèrent parfaitement avoir vu sortir un vieux pauvre avec un chien noir efflanqué qui mangeait, tout en marchant, quelque chose de brun que lui donnait son maître.

La vieille, le soir, était rentrée chez elle. Elle dormit bien, cette nuit-là.

Tiré de *Contes Choisis* de Guy de Maupassant, p. 115-121.

Vocabulaire pour la compréhension

vendetta : coutume corse selon laquelle les membres de deux familles ennemies poursuivent une vengeance réciproque jusqu'au crime

veuve : femme dont le mari est décédé — *widow*

remparts : murs fortifiés d'une ville

Bonifacio : ville de Corse — *Corsica* (dans le Sud)

avancée : une extrémité

Sardaigne : île italienne située au sud de la Corse ; sarde : adjectif qui veut dire « de la Sardaigne »

falaise — *cliff*

Ajaccio : ville de Corse (plus grande que Bonifacio)

soudée : attachée

hurlait (v. hurler) — *to howl*

se tut (v. se taire) : arrêter de parler (ici, on parle de la chienne qui arrête de hurler)

gémir — *to moan*

juré (v. jurer) — *to swear*

baril défoncé — *an old barrel*

gouttières — *drain pipes*

aboyait (v. aboyer) : bruit que fait un chien — *to bark*

rauque — *hoarse*

boudin — *black pudding, type of sausage*

écumait (v. écumer) — *foamed*

ficeler — *to tie up*

en lambeaux : en morceaux

Compréhension globale

Encerclez la bonne réponse.

1. Antoine Saverini a été tué…

    a) dans un accident de chasse.

    b) par un pêcheur sarde.

    c) par sa chienne Sémillante.

    d) dans une querelle.

2. Tout de suite après la mort de son fils, la vieille promet de…

    a) trouver l'assassin.

    b) venger son fils.

    c) tuer le père de son fils.

    d) tuer l'assassin.

3. Nicholas Ravolati…

    a) est sarde.

    b) s'est réfugié à Ajaccio.

    c) est en Sardaigne.

    d) a été arrêté par la police.

4. La vieille…

    a) tue de ses propres mains l'assassin de son fils.

    b) entraîne sa chienne à attaquer férocement.

    c) enseigne la chasse à sa chienne.

    d) donne régulièrement du boudin à sa chienne.

5. Pour réaliser son projet de vengeance, la veuve…

    a) se rend de l'autre côté du détroit en bateau.

    b) se rend à Ajaccio par le bateau à vapeur.

    c) fait un voyage d'une quinzaine en Sardaigne.

    d) attend le retour de Nicholas Ravolati à Bonifacio.

Compréhension détaillée

1. Quels sont les adjectifs utilisés dans le premier paragraphe pour décrire la ville de Bonifacio et ses environs ? Dans sa description de cette région, quelle impression l'auteur nous donne-t-il ?

_____

_____

2. Décrivez la réaction de la vieille mère lorsque son fils est tué. Comparez sa réaction à celle de la chienne « Sémillante ».

_____

_____

3. Quel est le plan de vengeance de la vieille mère ?

_____

_____

4. Décrivez le mannequin (homme de paille). Pourquoi la vieille utilise-t-elle du boudin noir ? Qu'est-ce qu'elle veut que la chienne fasse ?

_____

_____

5. Expliquez la dernière phrase du texte : « Elle dormit bien, cette nuit-là. » En quoi cette phrase est-elle ironique ?

_____

_____

Réflexion

1. Croyez-vous que ce type de vendetta soit toujours pratiqué aujourd'hui ? Expliquez.

_____

_____

2. Avez-vous aimé ce conte ? Quels sont les aspects qui vous ont plu ?

_____

_____

Que sais-je ?

Indiquez la bonne réponse et expliquez votre choix.

1. Dans la phrase « Quels indices l'inspecteur de police a-t-il découverts ? », le mot *quels* est...

   _____ a) un pronom interrogatif.

   _____ b) un pronom relatif.

   _____ c) un adjectif interrogatif.

2. Dans la phrase « Qui a commis ce cambriolage ? », le mot *qui* est...

   _____ a) un pronom interrogatif.

   _____ b) un pronom relatif.

   _____ c) un adjectif interrogatif.

3. Une phrase interrogative permet de...

   _____ a) poser une question.

   _____ b) répondre à une question.

   _____ c) donner un choix de réponses.

4. Dans la phrase « Qui est la dame qui parlait au commissaire ? », il y a...

   _____ a) un adjectif interrogatif et un pronom relatif.

   _____ b) un pronom et un adjectif interrogatifs.

   _____ c) un pronom interrogatif et un pronom relatif.

5. Dans la phrase « L'inspecteur enjamba le corps qui gisait sur le sol », le pronom relatif *qui* remplace...

   _____ a) *l'inspecteur*.

   _____ b) *le corps*.

   _____ c) *le sol*.

6. Dans la phrase « J'ai juste eu le temps de prendre le revolver que je laisse habituellement sur la table de nuit », l'antécédent du pronom relatif *que* est...

   _____ a) *le temps*.

   _____ b) *la table de nuit*.

   _____ c) *le revolver*.

1 Les pronoms démonstratifs

1A **Donnez le pronom démonstratif qui convient. Rappelez-vous qu'il peut marquer une opposition entre deux choses ou la possession. (Voir tableau 7.1)**

   1. J'adore cette chanteuse-ci et _____-là.

   2. Marie aime ce vin-ci et _____-là.

   3. Je ne peux pas décider entre ces fleurs-ci et _____-là.

   4. Elle lit ces livres-ci et lui, _____-là.

5. Cette étudiante-ci est bavarde, _____-là l'est moins.

6. J'ai lavé les vêtements de Charles et _____ de Daniel.

7. Est-ce qu'on prend ta voiture ou _____ de tes parents ?

8. Nous discutons des avantages d'acheter une maison à _____ de louer un appartement.

9. Je n'avais qu'un choix : _____ de m'en aller.

10. À qui est cette écharpe ? C'est _____ de la petite fille qui vient de partir.

1B **Le pronom démonstratif variable peut être aussi suivi d'une proposition relative. Mettez la forme correcte du pronom démonstratif.**

1. Cette crème glacée est délicieuse, _____ que nous avons mangée l'autre jour était moins bonne.

2. Le film que j'ai décidé d'aller voir était intéressant. _____ que tu m'avais recommandé était trop violent.

3. Cette note de service ? C'est _____ dont je vous avais parlé.

4. Ces romans sont meilleurs que _____ que j'ai dû lire à l'école secondaire.

5. Ces chaussures sont beaucoup plus chères que _____ que nous avons vues dans l'autre magasin.

1C **La particule suffixe -ci s'emploie pour se rapporter à ce qui est proche dans l'espace du sujet parlant ou à ce qui est proche dans le temps ; la particule suffixe -là désigne ce qui est loin dans l'espace du sujet parlant, ce qui s'est déjà passé ou ce qui est à venir. Ajoutez la particule qui convient.**

1. Je voudrais acheter une nouvelle voiture ; celle-____ est trop vieille.

2. À cette époque-____, elle était enceinte de son troisième enfant.

3. Nous avons déjà lu ce poème-____ ; alors lisons celui-____.

4. Ce mois-____, j'ai trop de travail pour pouvoir sortir.

5. À ce moment-____, la France était encore en guerre.

2 Distinction entre *c'est* et *il est*

2A **Complétez les phrases suivantes en choisissant *c'est* ou *il est*. (Voir tableau 7.2.)**

1. _____ le 21 juillet.

2. _____ toi ? Oui, _____ moi.

3. _____ dix heures du matin.

4. Qu'est-ce que _____ ? _____ un téléphone cellulaire. _____ _____ chouette, non ?

5. _____ est péruvien.

6. _____ musulman.

7. _____ un vieil homme charmant.

8. Ça, _____ évident.

9. Alors, ce rapport, _____ prêt ?

10. Je ne sais pas si _____ vrai.

3 Les pronoms possessifs

3A Mettez la bonne forme du pronom possessif. N'oubliez pas de faire des contractions si l'article défini est précédé des prépositions *à* ou *de*. (Voir tableau 7.3.)

1. Je pense à mon petit ami et tu penses _____. (about yours)

2. Mes enfants et _____ (hers) vont à la même école.

3. Mon chien et _____ (theirs) sont malades.

4. Elle parle de son père et lui _____ (about his).

5. Mes bottes sont mouillées, et _____ (yours/formal) ?

6. Je vais réfléchir à mes problèmes et toi _____ (about yours).

7. Mes filles sont avocates et _____ (theirs) sont institutrices.

8. Marie écrit souvent à ses parents, mais Éric n'écrit jamais _____ (to his).

4 Les adjectifs et pronoms interrogatifs

4A L'adjectif interrogatif s'accorde en genre et en nombre avec le nom auquel il se rapporte, même s'il est séparé du nom par le verbe *être*. Les formes de l'adjectif interrogatif sont aussi utilisées comme adjectifs exclamatifs. Mettez la bonne forme de l'adjectif. (Voir tableau 7.4.)

1. _____ est la date d'aujourd'hui ?

2. _____ heure est-il ?

3. _____ chapeau a-t-il porté hier ?

4. _____ livres devez-vous lire en fin de semaine ?

5. _____ preuves avez-vous ?

6. _____ est son arme préférée ?

7. _____ est sa préférence dans cette situation ?

8. _____ cours préfères-tu cette année ?

9. _____ voiture avez-vous l'intention d'acheter ?

10. _____ logiciel vas-tu acheter pour ton ordinateur ?

11. _____ nouvelles merveilleuses !

12. _____ crime brutal !

13. _____ est la différence entre un cambrioleur et un braqueur ?

14. _____ remèdes y a-t-il contre le rhume ?

15. _____ sera son verdict ?

4B Le participe passé s'accorde en genre et en nombre avec un complément d'objet direct qui le précède. Faites les accords suivants.

1. Quels livres est-ce que Hitler a brûlé _____ ?

2. Quels souliers as-tu choisi _____ ?

3. Quelle robe a-t-elle réparé _____ ?

4. Quelles plantes ont été détruit _____ pendant l'orage ?

5. Quels indices ont été relevé _____ par Maigret ?

4C L'adjectif interrogatif peut être précédé d'une préposition. Complétez chaque phrase avec la préposition appropriée.

1. _____ quelle heure doit-elle partir ?

2. _____ quel droit as-tu fait cela ?

3. _____ quelle clef dois-je ouvrir la porte ?

4. _____ quel bout faut-il le prendre ?

5. _____ quels documents parlez-vous ?

4D Complétez chaque phrase avec la forme appropriée du singulier du pronom interrogatif variable. Attention aux formes contractées ! (Voir tableaux 7.5 et 7.6.)

1. _____ de vos enfants est le moins difficile ?

2. Voici les deux chandails que je ne porte plus ; _____ veux-tu ?

3. _____ de ces produits vient d'Amérique du Sud ?

4. Voilà trois chemises ; _____ préférez-vous ?

5. De tous les amis que tu as en Europe, _____ écris-tu le plus souvent ?

6. Vous avez deux sœurs ; _____ ne téléphonez-vous que rarement ?

7. Parmi tous les médicaments que le docteur peut nous donner, _____ a-t-on le plus besoin ?

8. _____ de ces histoires fait-il allusion ?

9. Je vous ai donné une liste de possibilités ; _____ songez-vous ?

10. Il y a trois magasins dans le coin qui vendent ce qu'elle cherchait ; _____ est-elle allée ?

4E Complétez chaque phrase avec la forme longue du pronom interrogatif invariable. (Voir tableaux 7.7 et 7.8.)

1. _____ vous mangez ?

2. _____ vous faites ce soir pour vous amuser ?

3. _____ vous prenez dans votre valise ?

4. _____ vous pensez de mon idée ?

5. _____ a tondu le gazon cet après-midi ?

6. _____ va vider la poubelle pour moi ?

7. _____ a nettoyé la cuisine et le salon ?

8. _____ choisira les meubles ?

9. _____ vous pensez ? Vous avez l'air sérieux.

10. _____ il fait allusion en faisant cette remarque ?

11. _____ vous avez besoin en ce moment ?

12. _____ elle a envie d'acheter ?

13. _____ elle a l'intention de faire ?

14. _____ vous avez emporté avec vous ?

15. _____ vous avez rencontré aujourd'hui ?

4F Complétez chaque phrase avec la forme courte du pronom interrogatif invariable.

1. _____ dites-vous ?

2. _____ as-tu croisé dans la rue ? (personne)

3. À _____ pensait-elle ? (chose)

4. _____ aimez-vous ? (personne)

5. _____ aimez-vous ? (chose)

6. Avec _____ mange-t-on ces nouilles ? (chose)

7. Avec _____ est-il allé au concert ?

8. _____ va jouer au foot ce soir ?

9. À _____ devez-vous écrire ?

10. Pour _____ se prend-il ?

5 Les pronoms relatifs

5A L'antécédent des pronoms relatifs *qui*, *que* et *dont* peut être une personne ou une chose. Choisissez le pronom relatif approprié. (Voir tableaux 7.12 et 7.13.)

1. La femme _____ vous avez vue est ma sœur.

2. Le livre _____ vous avez besoin appartient à mon professeur.

3. Le film _____ nous avons vu a été tourné en 1985.

4. C'est Lisa _____ m'a tout raconté.

5. J'ai lu un article _____ m'a beaucoup aidé à comprendre la nouvelle politique du gouvernement.

6. Le monsieur _____ j'ai déjà oublié le nom est parti il y a cinq minutes.

5B Le pronom relatif peut être l'objet d'une préposition (*à/de*) ou d'une locution prépositive en *de*. Complétez les phrases suivantes. Attention aux formes contractées ! (Voir tableaux 7.13 et 7.14.)

1. L'homme à _____ on a donné le prix n'est pas bien connu.

2. Ce à _____ nous faisons allusion, c'est l'histoire de Marilyn Monroe.

3. Les étudiants _____ le professeur a écrit risquent de rater l'examen final.

4. Voilà une complication à _____ on n'avait pas pensé.

5. Elle habite un château à l'intérieur _____ se trouvent des œuvres d'art magnifiques.

6. Ne pas nous engager avec cette personne est exactement ce à _____ nous pensions.

7. Ce n'est pas une personne à _____ j'ai beaucoup parlé dans le passé.

8. La rivière au bord de _____ nous allons passer nos vacances se trouve en Bretagne.

9. Le bâtiment en face _____ j'habite est vide actuellement.

10. Les problèmes _____ vous faites référence me semblent insolubles.

5C Le pronom relatif peut être l'objet d'une préposition autre que *à* ou *de*. Mettez la bonne forme du pronom. Attention aux formes contractées ! (Voir tableau 7.14.)

1. À Londres, j'avais des amis parmi _____ il y avait beaucoup de Français.

2. Il a épousé une jeune femme avec _____ il avait voyagé en Asie.

3. Je ne connais pas le nom du magasin dans _____ elle a acheté ce cadeau.

4. Les arbres sous _____ nous nous sommes reposés étaient des chênes.

5. Ma mère a une belle maison derrière _____ elle fait pousser des pommiers.

6. Elle a travaillé dans une maison d'édition en 1995, une année durant _____ elle était très heureuse.

7. C'est une personne pour _____ je ferais n'importe quoi.

8. C'est la route sur _____ nous avons marché pendant des heures parce que notre voiture était tombée en panne ce jour-là.

9. Voilà un mur contre _____ on peut installer cette table pliante.

10. C'est la vraie raison pour _____ je ne suis pas venu.

5D Analyse grammaticale : donnez la fonction de chaque pronom relatif et soulignez son antécédent. (Voir tableaux 7.10, 7.11, 7.12 et 7.13.)

1. Voilà une voiture **qui** me plaît.

_____

2. C'est un film **que** j'ai déjà vu deux fois.

_____

3. C'était l'année **où** il a beaucoup neigé à Vancouver.

_____

4. Le livre **dont** vous avez besoin ne se vend pas dans cette librairie.

_____

5. C'est une politique contre **laquelle** il faut lutter.

_____

6. C'est un homme pour **qui** les valeurs traditionnelles ne comptent pas.

_____

7. On ne sait pas à **qui** appartiennent tous ces trésors.

_____

8. C'est lui **qui** s'est vanté dans cette affaire.

_____

9. Quel est le nom de la ville **où** vous êtes née ?

_____

10. C'est la porte par **où** il est sorti.

_____

11. **Ce qui** m'agace, c'est ton attitude de supériorité.

_____

12. Je me demande **ce qu'**elle a dit au juge.

_____

13. **Ce dont** j'ai envie, c'est d'un mois de repos.

_____

5E **Choisissez entre *qui* et *ce qui*.**

1. Ma mère a joué un rôle-clé dans ma vie, _____ est normal.

2. _____ m'inquiète, ce sont tes problèmes financiers.

3. Je connais un conseiller _____ pourra t'aider.

4. J'admire les gens _____ s'expriment bien en français.

5. Elle a encore gagné le tournoi de tennis, _____ n'a étonné personne.

5F **Choisissez entre *que* et *ce que/ce qu'*.**

1. Mon secrétaire n'a pas fait _____ je lui avais demandé.

2. Dites-moi _____ vous en pensez.

3. Ils savaient _____ il fallait faire pour y arriver.

4. J'ai un logiciel très utile _____ je te prêterai pour que tu puisses
   l'essayer.

5. J'ai une robe très chic _____ tu pourras porter au bal.

5G **Choisissez entre *dont* et *ce dont*.**

1. Vous n'avez pas compris _____ il est question.

2. Quel est le nom de l'actrice _____ la fille vient de se marier avec le
   fils du premier ministre ?

3. Voilà un chien _____ j'ai très peur.

4. _____ je suis certain, c'est que je n'aurai pas assez d'argent pour vivre
   si on me renvoie.

5. Explique-moi _____ tu te plains.

5H **Choisissez entre *de qui* et *duquel*. Attention ! Parfois les deux formes sont possibles.
(Voir tableau 7.17.)**

1. C'est le quai le long _____ nous nous sommes promenés.

2. C'est le monsieur près _____ nous habitons.

3. Voici le bâtiment à côté _____ la bombe a explosé.

4. Voilà le journaliste à côté _____ vous étiez assis pendant le repas.

5. C'est le manuel au début _____ se trouve tous les verbes irréguliers.

5I **Complétez les phrases suivantes. (Voir tableau 7.17.)**

1. Ce à quoi je rêve, _____.

2. Ce contre quoi je me révolte, _____.

3. Ce avec quoi je suis d'accord, _____.

5J Choisissez entre *qui, lequel* et *laquelle*. Attention ! Parfois deux réponses sont possibles. (Voir tableau 7.18.)

1. C'est le commerçant pour _____ j'ai travaillé pendant deux ans.

2. C'est l'amie avec _____ j'ai fait un très beau voyage en Chine.

3. C'est une provocation à _____ il ne faut pas répondre.

4. Je veux vous présenter une fille avec _____ j'ai fait mes études.

5. C'est un collègue avec _____ je ne m'entends pas du tout.

5K Choisissez entre *ce qui, ce que* (*ce qu'*) et *ce dont*. (Voir tableaux 7.12 et 7.13.)

1. Voilà _____ vous avez besoin.

2. _____ elle voulait exactement n'était pas clair.

3. Sais-tu _____ j'en pense ?

4. _____ me fait pleurer, c'est la musique baroque.

5. _____ il est fier, c'est de son intelligence.

6 Traduction

6A On emploie l'adjectif interrogatif pour poser une question au sujet d'une personne ou d'une chose. La question peut être une demande de choix, d'identification ou d'information. Traduisez les phrases suivantes en français. (Voir tableau 7.9.)

1. Which expression don't you understand?

_____

_____

2. What is the quickest way to go to Edmonton?

_____

_____

3. What explanation did he give for his strange behaviour?

_____

_____

4. Which computer did they finally choose?

_____

_____

5. What was the price of the most expensive painting at the auction?

_____

_____

6B On emploie le pronom interrogatif variable pour proposer le choix d'une chose parmi plusieurs du même type. Ce groupe peut être mentionné dans la proposition même, ou dans la phrase ou l'élément de phrase qui précède. Traduisez les phrases suivantes en français. (Voir tableau 7.9.)

1. Here are all my notes. Which ones do you need?

_____

2. Which of the two coats will you buy?

_____

3. Of all the poems we read today, which one do you like best?

_____

4. Which car will we take to go to Regina next week?

_____

5. I have two options. Which one are you referring to?

_____

6C On emploie le pronom interrogatif invariable pour poser une question sur une personne ou une chose inconnue. Traduisez les phrases suivantes en français.

1. Who won the Stanley Cup in 1975?

_____

2. Who is going to represent us at the Olympics?

_____

3. What was the result of all those negotiations?

_____

4. What did you mean?

_____

6D Traduisez les phrases suivantes en français.

1. She lent me everything I needed.

_____

2. All I want is that you be happy.

_____

3. The day he was born, there was an earthquake.

_____

4. The children she played with were poor.

_____

5. The rumour that I heard proved to be false.

_____

6E Traduisez les phrases suivantes en français en employant le pronom relatif *où*. (Voir tableau 7.15.)

1. That was the year his father died.

_____

2. That was the week they separated.

_____

3. That's the restaurant where I saw her for the first time.

_____

4. That was the day her second child was born.

_____

7 Correction

7A Choisissez la bonne réponse. (Voir tableau 7.23.)

1. ___ a) Je m'appelle Janine et c'est moi qui vous avez téléphoné.

   ___ b) Je m'appelle Janine et c'est moi qui vous ai téléphoné.

2. ___ a) C'est celle qu'il a pris.

   ___ b) C'est celle qu'il a prise.

3. ___ a) C'est l'étudiante qui a le mieux réussie.

   ___ b) C'est l'étudiante qui a le mieux réussi.

4. ___ a) Voici les livres dont je vous ai parlé.

   ___ b) Voici les livres dont je vous ai parlés.

5. ___ a) C'est elle qui s'est inscrit la dernière.

   ___ b) C'est elle qui s'est inscrite la dernière.

7B Il y a une erreur dans chacune des phrases ci-dessous. Identifiez cette faute et corrigez-la. (Voir tableau 7.23.)

1. Les fleurs que tu as acheté sont superbes.

2. Je ne sais pas si ce sont eux qui nous avions suivis.

3. Qu'est-ce qui vous empêchez de le faire ?

4. Ce sont les plus jeunes qui se sont le mieux débrouillé.

5. On ne connaît pas la camarade avec laquelle il est allée au cinéma.

8 Expression écrite

8A Choisissez l'une des trois propositions ci-dessous et dressez une liste de cinq arguments « pour » et cinq arguments « contre » cette proposition.

• Tout citoyen devrait avoir le droit d'acquérir des armes à feu.

• Les médecins devraient avoir le droit d'apporter leur aide aux grands malades voulant mourir.

• Les tribunaux devraient imposer la peine de mort à tout criminel reconnu coupable d'avoir assassiné quelqu'un.

Arguments « pour » :

1. _____

   _____

2. _____

   _____

3. _____

   _____

4. _____

   _____

5. _____

   _____

Arguments « contre » :

1. _____
   _____

2. _____
   _____

3. _____
   _____

4. _____
   _____

5. _____
   _____

8B En vous servant de la proposition que vous avez choisie dans l'exercice 7A, écrivez l'introduction d'un devoir dans lequel vous traitez de cette proposition.

_____
_____
_____
_____
_____
_____

Vocabulaire

Lecture

Le parent menteur (extrait de livre) avec questions de compréhension

Grammaire

1. Le futur simple et le futur antérieur

2. Le conditionnel présent et passé

3. Les phrases hypothétiques

4. Traduction

5. Correction

6. Expression écrite

Vocabulaire

Exercice 1 : Mots à compléter

Complétez les mots suivants à l'aide des lettres données. Les mots sont tirés du vocabulaire du chapitre 8.

1. Ce qui angoisse le plus les jeunes, aujourd'hui, c'est le ch _ _ a _ e et la pr _ _ _ _ _ _ é.

2. On dit que la génération des baby boomers avait des m _ e _ _ s bien différentes de celles de leurs parents.

3. Dans les années 90, le phénomène des études à r _ _ l _ _ _ _ a pris beaucoup d'ampleur en France.

4. On pense généralement qu'un jeune de 25 ans devrait être capable de se _ é b _ _ _ _ _ _ _ r tout seul, sans l'aide de ses parents.

5. Gilles et sa copine vont bientôt s' _ n _ t _ _ _ _ _ dans un appartement loin du village de leurs parents.

6. Dans les années 60 et 70, les jeunes dé _ _ _ ch _ _ _ _ t plus facilement et plus rapidement un emploi qu'aujourd' hui.

7. Le re_ _ u _ au foyer p_ r _ _ _ a _ n'est pas marqué d'un c _ _ f _ _ t entre les générations.

8. On ne veut pas quitter la maison si on a les poches v _ _ _ s.

Exercice 2 : Mots familiers

Trouvez l'équivalent en français standard des mots ou expressions familières soulignés. Faites attention de bien conjuguer le verbe dans chaque phrase.

1. Xavier <u>a plaqué</u> Valérie sans même lui donner une explication. (plaquer)

_____

2. Quand Jeanne et Florence ont eu 18 ans, elles <u>ont claqué la porte</u>. (claquer la porte)

_____

3. Cela les énerve que leurs enfants <u>soient toujours scotchés chez eux</u>. (être scotché)

_____

4. Cet enfant <u>emmerde</u> ses parents constamment. (emmerder)

_____

5. Jacques <u>en a marre</u> de toujours entendre ses parents se disputer. (en avoir marre)

_____

Exercice 3 : Correspondances

Voici huit expressions idiomatiques formées avec le mot « yeux ». Trouvez la définition qui convient à chacune. Consultez un dictionnaire unilingue au besoin.

Expressions idiomatiques

1. Il ne me resterait que les yeux pour pleurer. ____
2. Cela va te coûter les yeux de la tête. ____
3. Elle ne peut pas en croire ses yeux. ____
4. Ce matin, le directeur n'a pas les yeux en face des trous. ____
5. Loin des yeux, loin du cœur. ____
6. J'irai là-bas les yeux fermés. ____
7. Tu lui fais toujours les gros yeux. ____
8. Voyons, cela saute aux yeux. ____

Définitions

a) quand on s'étonne de ce qu'on voit

b) quand on sait exactement où on va

c) quand il faudra payer cher pour quelque chose

d) quand une chose est évidente

e) quand on regarde quelqu'un d'un air mécontent et sévère

f) quand on n'a plus rien, quand on a tout perdu

g) quand les personnes absentes sont vite oubliées

h) quand on n'a pas une vision nette à cause de la fatigue

Exercice 4 : Phrases à composer

Complétez chacune des phrases de manière à expliquer ou définir les mots présentés.

1. La génération boomerang _____

_____

2. _____ se débrouille _____

_____

3. Aujourd'hui, on se case _____

_____

4. Un enfant chouchouté _____

_____

Lecture

Lisez le texte ci-dessous puis répondez aux questions de compréhension. Cherchez le sens des mots en caractères gras dans un dictionnaire.

Le parent menteur

Le mensonge chez le parent est si fréquent et si répandu qu'on peut à peine y voir une manifestation pathologique. Le parent ment quasi instinctivement, souvent sans même s'en rendre compte, et généralement sans éprouver la moindre **culpabilité**. Il ment aussi bien à propos de futilités qu'à propos des sujets les plus graves. Nous serions même tentés de dire que lorsqu'il s'agit de sujets vraiment importants, il ment quasi systématiquement. Cela va de la simple **fabulation ludique** jusqu'à la volonté délibérée d'**induire l'enfant en erreur**, soit pour cacher une faute, soit pour **se soustraire** à une réalité trop lourde.

Le parent peut se sentir poussé à fabuler pour toutes sortes de raisons, parfois assez innocentes, telles que : améliorer son standing aux yeux de son enfant, se consoler de la perte des illusions qu'il s'était faites sur son propre compte, embellir par l'imagination un monde réel dont il n'est pas assez mûr pour apprécier les charmes, etc. Nous pensons que ces mensonges ne sont pas très graves, que le parent lui-même n'en est pas vraiment **dupe** et que, généralement, il vaut mieux dans ces cas éviter de le confondre ou de le réprimander.

Certains parents inventent des petits contes, parfois assez poétiques, à propos du Père Noël, de Saint Nicolas, de petites souris collectionneuses de dents de lait et d'autres personnages imaginaires. C'est charmant, sans malice et généralement tout le monde y trouve son plaisir. Par contre, nous considérons avec beaucoup moins d'indulgence les parents qui mentent parce qu'ils n'ont pas le courage de leurs opinions et qui chargent le Père Noël ou d'autres personnages imaginaires de récompenser ou de punir à leur place. Un enfant **soucieux** de donner une solide structure psychique à son parent ne peut pas laisser passer ce genre de **dérobade**.

Certains mensonges équivalent à de véritables falsifications introduites dans l'histoire de la famille, soit pour cacher ce que le parent considère comme une faiblesse ou une faute, soit pour embellir une réalité banale. Dans certains cas, il s'agit même d'une tentative désespérée de réparer une falsification antérieure dont le parent a lui-même été victime, par une nouvelle falsification, naïvement destinée à réparer les effets de la première. Ces mensonges sont motivés par l'espoir **fallacieux** qu'il suffit de remanier le récit des événements pour en conjurer les conséquences. Nous pensons que, dans ces cas, l'enfant doit se montrer affectueux, mais ferme. En aucun cas, il ne peut permettre — s'il a le moyen de l'empêcher — que l'on introduise une rupture dans la logique de l'histoire familiale.

Nous disions donc que les mensonges des parents étaient souvent motivés par les meilleurs sentiments et une réelle bonne volonté. Ils essaient d'embellir l'image du monde qu'ils présentent à leur enfant en fonction de leurs propres idéaux primitifs. Dans leur univers de contes de fées, la maturation solitaire d'un bébé dans un chou ou le voyage périlleux dans les airs sous la responsabilité d'une cigogne nullement formée à cette tâche leur apparaît comme une image beaucoup plus séduisante et rassurante que la rencontre physique et affective d'un homme et d'une femme avec toute la passion, le plaisir, la tendresse et le reste que cela comporte.

Le parent ne connaît pas le poids de la vérité. C'est ainsi qu'il est parfois amené à dire la vérité uniquement parce qu'il estime que c'est de bonne politique. Une petite fille a essayé de sensibiliser ses parents à l'idée du respect fondamental dû à la vérité en ayant recours à un moyen particulièrement spirituel. Ses parents, tous deux psychanalystes possédant une solide formation scientifique, ont décidé de tout expliquer à leur fille sur la conception, la gestation, la naissance, dès qu'une occasion se présenterait. Vers l'âge de 5 ans, la fillette eut donc droit à un cours intelligent, clair et bien fait sur la question. Du moins les parents en étaient convaincus. Un peu troublée par le décalage affectif qu'elle perçut dans le récit, la petite fille décida de mettre toute l'affaire de côté jusqu'à plus ample information. Un jour, en rentrant de l'école, elle fit venir ses parents pour les **tancer vertement** d'avoir cru bon de lui raconter toute une salade à propos de petites graines et de positions corporelles farfelues alors que la maîtresse venait de lui expliquer le processus dans toute sa simplicité : un **chou** dans un jardin qu'il suffit d'ouvrir au bon moment…

Pour conclure, citons un dicton bien connu : « La vérité sort de la bouche des enfants. » Cela montre bien tout l'espoir que les parents mettent en l'enfant pour les aider à émerger de leur univers de fantasmes, de contes et de mensonges et à reprendre contact avec la terre ferme de la réalité. Il ne faut pas les décevoir.

Tiré du *Manuel à l'usage des enfants qui ont des parents difficiles* de Jeanne Van den Brouck, © Éditions du Seuil, 1992, coll. *Points*, 2006.

Compréhension globale

Dites si les affirmations suivantes sont vraies (V) ou fausses (F).

1. Selon l'auteure, la plupart des mensonges que racontent les parents ne sont pas très graves. ___

2. On dit que les parents mentent très rarement. ___

3. Il est acceptable pour un parent de charger le Père Noël de récompenser un enfant à sa place. ___

4. L'enfant qui a des parents qui mentent dans le but d'embellir la réalité doit être affectueux et calme. ___

5. Dans certains cas, comme celui de l'explication de la conception et de la naissance, il vaut mieux qu'un parent raconte un mensonge. ___

Compréhension détaillée

1. Quelle est l'opinion de l'auteure sur le mensonge chez les parents ?

_____

_____

2. Quels adverbes utilise-t-elle pour décrire le mensonge chez les parents ?

_____

_____

3. Pour quelles raisons les parents mentent-ils ?

_____

_____

4. Relevez les phrases où l'auteure donne des conseils explicites aux enfants qui ont des parents menteurs.

_____

_____

5. Quels sont les différents mensonges que les parents disent pour expliquer comment un enfant vient au monde ?

_____

_____

Réflexion

1. Citez quelques mensonges que vos parents vous ont racontés quand vous étiez petit. À quelles catégories mentionnées dans le texte ces mensonges appartiennent-ils ?

_____

_____

_____

2. Y a-t-il des types de mensonges qui sont graves, d'après vous ?

_____

_____

_____

Grammaire

Que sais-je ?

Indiquez la bonne réponse et expliquez votre choix.

1. Le futur simple des verbes réguliers en *er* et *ir* (par exemple, *téléphonera, réussiront*) est formé à partir…

    _____ a) du participe passé.

    _____ b) de l'infinitif.

    _____ c) du subjonctif.

2. La phrase « Si je le pouvais, je partirais » est…

    _____ a) une phrase relative.

    _____ b) une phrase hypothétique.

    _____ c) une phrase simple.

3. Dans la phrase « Je préparerai le dîner pendant que tu tondras le gazon », l'action du premier verbe...

_____ a) arrive en même temps que l'action du deuxième verbe.

_____ b) précède l'action du deuxième verbe.

_____ c) suit l'action du deuxième verbe.

4. Dans la phrase « Quand j'aurai fini mes devoirs, j'irai me coucher », l'action du premier verbe...

_____ a) arrive en même temps que l'action du deuxième verbe.

_____ b) précède l'action du deuxième verbe.

_____ c) suit l'action du deuxième verbe.

5. Si on analyse les formes _ferait_ ou _ferions_ (verbe _faire_ au conditionnel présent), on remarque que les terminaisons sont les mêmes...

_____ a) qu'au présent de l'indicatif.

_____ b) qu'au passé simple.

_____ c) qu'à l'imparfait de l'indicatif.

6. Pour compléter correctement la phrase « Si mon salaire me le permettait... », il faut dire...

_____ a) _je chercherais un appartement._

_____ b) _je cherchais un appartement._

_____ c) _j'aurais cherché un appartement._

1 Le futur simple et le futur antérieur

1A **Mettez les verbes suivants au futur simple. (Voir tableau 8.1.)**

1. tu (ne pas marcher) _____

2. vous (enseigner) _____

3. elle (aimer) _____

4. nous (servir) _____

5. on (ne pas partir) _____

6. je (réussir) _____

7. vous (apprendre) _____

8. tu (construire) _____

9. nous (ne pas suivre) _____

10. elles (s'amuser) _____

1B **Mettez les verbes suivants au futur simple en faisant attention à leurs particularités orthographiques. (Voir tableau 8.1.)**

1. nous (payer) _____

2. tu (ne pas céder) _____

3. elles (jeter) _____

4. je (ne pas acheter) _____

5. ils (essayer) _____

6. elles (appeler) _____

7. vous (mener) _____

8. tu (ne pas nettoyer) _____

9. on (peler) _____

10. il (commencer) _____

1C **Certains verbes irréguliers ont un radical basé sur l'infinitif. Mettez les verbes suivants au futur simple. (Voir tableau 8.2.)**

1. vous (battre) _____

2. tu (ne pas lire) _____

3. nous (dire) _____

4. elles (boire) _____

5. ils (fuir) _____

6. on (plaire) _____

7. je (ne pas peindre) _____

8. elle (résoudre) _____

D'autres verbes irréguliers ont un radical particulier. Mettez les verbes suivants au futur simple. (Voir tableau 8.3.)

9. tu (envoyer) _____

10. il (mourir) _____

11. nous (devoir) _____

12. je (s'asseoir) _____

13. on (ne pas acquérir) _____

14. il (pleuvoir) _____

15. il (falloir) _____

16. je (ne pas aller) _____

17. nous (ne pas voir) _____

18. tu (avoir) _____

19. elle (être) _____

20. vous (faire) _____

1D **On emploie le futur simple pour exprimer catégoriquement une action ou un état à venir. Mettez les verbes entre parenthèses au futur simple. (Voir tableau 8.4.)**

1. Nous _____ (être) fatigués ce soir.

2. Elle _____ (faire) ses devoirs à la dernière minute.

3. Vous _____ (se divertir) samedi soir.

4. On annonce qu'il _____ (pleuvoir) toute la semaine.

5. Elles _____ (ne jamais apprendre) l'espagnol.

6. Tu _____ (s'asseoir) là-bas, s'il te plaît.

7. Je crois qu'elles _____ (pleurer) aux funérailles.

8. Je _____ (voir) le dentiste dans deux mois.

1E On emploie le futur simple dans les propositions subordonnées qui commencent par les conjonctions *aussitôt que, dès que, lorsque, pendant que, quand* et *tant que* lorsqu'il s'agit d'un contexte logiquement futur. Notez qu'en anglais, on utilise le présent de l'indicatif au lieu du futur simple. Mettez les verbes entre parenthèses au futur simple. (Voir tableau 8.4.)

1. Quand vous _____ (arriver) à Amsterdam, téléphonez-moi.

2. Il _____ (être) furieux lorsqu'il _____ (comprendre) qu'il n'a pas gagné.

3. Pendant que tu _____ (t'endormir), je te _____ (lire) une histoire.

4. Tant que cet homme (parler) _____, je l' _____ (écouter).

5. Dès que vous _____ (vouloir) me parler, venez chez moi.

1F On utilise le futur simple dans une proposition principale rattachée à une subordonnée où la condition (précédée de la conjonction *si*) est exprimée au présent. Mettez chaque verbe au temps approprié. (Voir tableau 8.4.)

1. Si je _____ (avoir) faim à six heures, je _____ (manger) un sandwich.

2. S'il _____ (ne pas pleuvoir), nous _____ (se promener) dans le parc avant de rentrer.

3. Si le meurtrier _____ (être) intelligent, il _____ (ne pas revenir) sur les lieux du crime.

4. Si le premier ministre _____ (comprendre) bien la situation, il _____ (faire) quelque chose pour créer des emplois.

5. Si le professeur nous _____ (donner) trop de travail, nous _____ (se plaindre).

1G Complétez les phrases suivantes en employant le futur simple. (Voir tableau 8.4.)

1. Elle se demande si _____

_____.

2. Je ne sais pas si _____

_____.

3. Mes parents veulent savoir si _____

_____.

4. Il est impossible de prédire quand _____

_____.

5. Nous voulons savoir si _____

_____.

1H On emploie le futur simple pour atténuer l'impact d'un ordre à l'impératif ou pour exprimer une nuance de politesse. Récrivez les phrases suivantes de façon à atténuer l'impact de l'impératif. (Voir tableau 8.4.)

1. Finissez vos devoirs ce soir.

_____

2. Montrez-moi le brouillon de votre dissertation avant de partir.

_____

3. Ne parlez de mes idées à personne.

_____

4. Écris à ta grand-mère pour la remercier.

_____

5. Fais la vaisselle et range ta chambre ce soir.

_____

1I Mettez les verbes suivants au futur proche. (Voir tableau 8.4.)

1. Nous _____ (manger) dans cinq minutes.
2. Je _____ (ne pas passer) la fin de semaine à travailler.
3. Tu _____ (accepter) leur offre ?
4. Elle _____ (se coucher) ; elle a eu une journée difficile.
5. Vous _____ (ne pas s'asseoir) ?

1J Mettez les verbes suivants au futur antérieur. Attention à l'accord du participe passé ! (Voir tableau 8.5.)

1. je (chanter) _____
2. nous (soigner) _____
3. on (regarder) _____
4. il (ne pas rougir) _____
5. on (arrondir) _____
6. elle (agir) _____
7. vous (partir) _____
8. ils (faire) _____
9. elles (ne pas aller) _____
10. je (venir) _____
11. les oiseaux (s'envoler) _____
12. tu (s'emballer) _____
13. ils (ne pas s'enivrer) _____
14. elles (se presser) _____
15. il (devenir) _____

1K On emploie le futur antérieur dans les propositions subordonnées qui commencent par les conjonctions *après que, aussitôt que, dès que, lorsque, quand, tant que* et *une fois que* pour exprimer une action que l'on prévoit achevée avant l'action de la proposition principale, qui est au futur simple. Mettez les verbes entre parenthèses au temps qui convient. (Voir tableau 8.6.)

1. Je _____ (aller) au cinéma lorsque je _____ (écrire) cette lettre.

2. Elle _____ (déjà quitter) le pays quand ses parents _____ (revenir) de vacances.

3. Après que nous _____ (finir) de regarder cette émission, nous _____ (sortir).

4. Dès que l'enfant _____ (comprendre) le danger qu'il court, il _____ (ne plus traverser) la rue tout seul.

5. Dès que mon père _____ (gagner) assez d'argent, il _____ (prendre) sa retraite.

1L Si les deux actions sont simultanées ou presque simultanées, on emploie deux futurs simples. Écrivez quatre phrases qui expriment chacune deux actions simultanées après une conjonction temporelle. (Voir tableau 8.6.)

1. Tant qu'elle _____, elle _____.

2. Une fois que vous _____, vous _____.

3. Pendant que le bébé _____, la mère _____.

4. Lorsque le docteur _____, le patient _____.

1M On emploie le futur antérieur pour décrire une action que l'on prévoit achevée à un certain moment de l'avenir. Illustrez ce concept avec des phrases indiquant ce qui se sera passé. Composez des phrases affirmatives et négatives. (Voir tableau 8.6.)

1. Dans dix ans, je_____.

2. Dans un mois, ma meilleure amie_____.

3. Dans cinq ans, le Canada_____.

4. En l'an 2025, le monde_____.

1N On emploie le futur antérieur pour exprimer la probabilité ou la supposition que quelque chose est arrivé. Complétez les phrases suivantes. (Voir tableau 8.6.)

1. Ma sœur n'est pas arrivée à l'heure ; elle _____ _____.

2. L'agent de police lui a donné une contravention ; il _____ _____.

3. Il n'y a plus de biscuits ; mon frère _____ _____.

4. Elles ont raté leurs examens ; elles _____ _____.

5. Le chien n'est plus dans le jardin ; il _____ _____.

10 On emploie le futur antérieur dans la subordonnée de l'interrogation indirecte pour exprimer une action qui aura été accomplie dans l'avenir, quand le verbe de la proposition principale est au présent. Complétez les phrases suivantes en mettant la proposition entre parenthèses au futur antérieur. (Voir tableau 8.6.)

1. Angelina Jolie ne sait pas quand elle... (finir de tourner son nouveau film).

_____

2. Margaret Atwood ne sait pas si elle... (écrire un livre l'année prochaine).

_____

3. Je ne sais pas si je... (terminer mes études).

_____

4. Demandez-lui s'il... (partir en vacances à ce moment-là).

_____

5. Nous ne savons pas si elle... (pouvoir se reposer).

_____

1P La conjonction française *si* peut être l'équivalent de la conjonction anglaise *if* ou l'équivalent du *whether* de l'interrogation indirecte. Indiquez avec un I (*if*) ou un W (*whether*) le sens de la conjonction *si* dans les phrases suivantes. (Voir tableau 8.7.)

1. Si vous faites cela, je vous quitterai.   _____

2. Je me demande si je pourrai y aller.   _____

3. Je vous verrai si l'occasion se présente.   _____

4. Elle se demande si elle pourra le faire.   _____

2 Le conditionnel présent et passé

2A Mettez les verbes suivants au conditionnel présent. Attention aux particularités orthographiques ! (Voir tableau 8.8.)

1. je (être)   _____

2. nous (remercier)   _____

3. elle (faire)   _____

4. tu (ne pas aller)   _____

5. il (croire)   _____

6. elles (partir)   _____

7. je (ne pas vouloir)   _____

8. on (perdre)   _____

9. ils (espérer)   _____

10. elles (acheter)   _____

11. nous (appeler)   _____

12. on (ne pas travailler)   _____

13. tu (se laver)   _____

14. ils (ne pas s'entendre)   _____

15. elles (s'écrire)   _____

16. ils (s'aimer) _____

17. nous (payer) _____

18. je (ne pas essuyer) _____

19. elle (jeter) _____

20. tu (ne pas voir) _____

2B **On emploie le conditionnel présent pour exprimer la possibilité et l'éventualité. (Il traduit l'anglais *would*.) Mettez les verbes suivants au conditionnel présent. (Voir tableau 8.9.)**

1. Ils _____ (préférer) ne pas venir au concert.

2. Comment _____ (connaître)-je la vérité ?

3. Je le _____ (faire) volontiers.

4. À sa place, je _____ (ne pas dire) cela.

5. Pour son enfant, il _____ (donner) sa vie.

2C **On emploie le conditionnel présent pour exprimer une conclusion possible dans une proposition principale rattachée à une subordonnée où la condition (précédée de la conjonction *si*) est exprimée à l'imparfait. Dans chaque phrase, mettez le verbe approprié au conditionnel présent et l'autre à l'imparfait. (Voir tableau 8.9.)**

1. Il _____ (refuser) s'il _____ (soupçonner) quelque chose d'illégal.

2. Elle _____ (venir) nous voir si elle _____ (avoir) une voiture.

3. Je leur _____ (expliquer) le poème s'ils me le _____ (demander).

4. Si elles _____ (écouter), elles _____ (comprendre).

5. Si on _____ (aller) en France, on _____ (dépenser) beaucoup d'argent.

2D **On emploie le conditionnel présent pour demander quelque chose d'une façon plus polie ou pour atténuer l'impact de ce que l'on a à dire. Récrivez les phrases suivantes en utilisant une formule plus polie. (Voir tableau 8.9.)**

1. Pouvez-vous m'indiquer la rue du Mont-Blanc ?

_____

2. Veux-tu sortir avec moi ?

_____

3. Vous devez vous arrêter de boire autant de bière.

_____

4. Peux-tu m'aider à faire mes devoirs ?

_____

2E　On emploie le conditionnel présent dans une proposition complétive qui commence par *si* ou *que* pour exprimer un futur dans un contexte passé, c'est-à-dire une action qui était à venir au moment où l'on parle. Pour illustrer ce concept, complétez les phrases suivantes. (Voir tableau 8.9.)

1. On nous a dit qu'il _____

_____ .

2. Je savais qu'ils _____

_____ .

3. Je croyais que ma sœur _____

_____ .

4. Il ne m'a pas dit s'il _____

_____ .

5. Elles ont affirmé qu'elles _____

_____ .

2F　On emploie le conditionnel présent pour exprimer un souhait ou pour annoncer des faits non confirmés. Mettez chaque verbe au conditionnel présent et indiquez s'il s'agit d'un souhait (S) ou d'un fait non confirmé (F). (Voir tableau 8.9.)

1. Ma fille _____ (aimer) devenir actrice. ____

2. Deux cents personnes _____ (être) mortes à la suite du tremblement de terre. ____

3. Selon vous, c'est Jacques qui _____ (obtenir) le poste. ____

4. Ces pauvres gens _____ (vouloir) bien quitter leur pays. ____

5. Le conférencier _____ (être) malade et la conférence _____ (être) annulée. ____

2G　Mettez les verbes suivants au conditionnel passé. Attention à l'accord du participe passé ! (Voir tableau 8.10.)

1. nous (révéler) _____

2. elles (se lever) _____

3. Marie (ne pas aller) _____

4. on (faire) _____

5. ils (rendre) _____

6. elles (ouvrir) _____

7. tu (ne pas vouloir) _____

8. je (ne pas pouvoir) _____

9. elle (envoyer) _____

10. elles (se sentir) _____

11. tu (avoir) _____

12. on (regarder) _____

13. je (ne pas dessiner) _____

14. la mer (démolir) _____

15. les jumeaux (se battre) _____

2H On emploie le conditionnel passé pour exprimer une conclusion possible dans une proposition principale rattachée à une subordonnée dans laquelle la condition (précédée de la conjonction *si*) est exprimée au plus-que-parfait. Dans les phrases suivantes, mettez le verbe approprié au plus-que-parfait et l'autre au conditionnel passé. (Voir tableau 8.11.)

1. Si je _____ (avoir) plus de talent, je _____ (connaître) le succès.

2. Si vous _____ (se dépêcher), vous _____ (ne pas manquer) le train.

3. Si tu _____ (ne pas arriver) en retard, tu _____ (rencontrer) mon amie.

4. Nous _____ (venir) si nous _____ (savoir) que vous aviez besoin de nous.

5. Vous _____ (ne pas se lever) s'il _____ (faire) trop froid.

2I On emploie le conditionnel passé dans une proposition complétive qui commence par *si* ou *que* pour exprimer un futur antérieur dans un contexte passé. Complétez les phrases suivantes avec un verbe de votre choix au conditionnel passé. (Voir tableau 8.11.)

1. Il ne nous a pas dit s'il _____

_____.

2. Ma meilleure amie m'a dit que _____

_____.

3. On se demandait si les professeurs _____

_____

4. Elle m'avait promis que _____

_____.

2J On emploie le conditionnel passé pour exprimer un fait douteux ou quelque chose dont on n'est pas encore sûr. Mettez les verbes entre parenthèses au conditionnel passé. (Voir tableau 8.11.)

1. L'incendie _____ (brûler) toute la nuit.

2. Le vent _____ (abattre) trois arbres.

3. L'armée _____ (tuer) plusieurs rebelles.

4. La neige _____ (causer) trois accidents de voiture ce matin.

3 Les phrases hypothétiques

3A Faites des phrases avec *si* selon les indications. (Voir tableau 8.13.)

1. *si* + présent + présent _____
_____

2. *si* + présent + futur _____
_____

3. *si* + présent + impératif _____
_____

4. *si* + imparfait + conditionnel présent _____
_____

5. *si* + plus-que-parfait + conditionnel passé _____
_____

6. *si* + passé composé + présent _____
_____

7. *si* + passé composé + impératif _____
_____

4 Traduction

4A Traduisez les phrases suivantes en français. (Voir tableau 8.7.)

1. If I am sleepy, I will take a nap.
_____
_____

2. Will they do it? (employez l'inversion)
_____

3. Will she write to them? (employez l'inversion)
_____

4. He is leaving in a few days.
_____

5. The performance will begin in five minutes.
_____

6. If I win the lottery, I will buy a new car.
_____
_____

4B Traduisez les phrases suivantes en français. (Voir tableau 8.7.)

1. Paul will study hard for his exams. I know him!

_____

2. I am going to phone my mother this weekend.

_____

3. They are not going to take a holiday this year.

_____

4. Marie is going to get sick if she doesn't wear a coat.

_____

5. She will often work late at the office.

_____

4C On emploie le futur antérieur dans la subordonnée qui suit les conjonctions _quand/lorsque_ (when), _aussitôt que/dès que_ (as soon as), _après que_ (after), _pendant que_ (while) et _tant que_ (as long as). Le verbe anglais peut être au présent. En français, le futur simple ou le futur antérieur (selon le cas) est obligatoire. Traduisez les phrases suivantes en français. (Voir tableau 8.7.)

1. When you arrive in London, phone me.

_____

2. When you want to talk to me, I will listen.

_____

3. As soon as they are ready, we will leave.

_____

4. He will call when the meeting is over.

_____

4D La conjonction _au cas où_ (in case/in the event that), qui introduit une éventualité, est toujours suivie du conditionnel. Traduisez les phrases suivantes en français. (Voir tableau 8.9.)

1. Bring an umbrella in case it rains.

_____

_____

2. I will lend you my textbook in case you need it this weekend.

_____

_____

3. I will pay you now in case I don't see you this afternoon.

_____

_____

4E Le verbe *devoir* au conditionnel présent devant un infinitif exprime la nécessité ou l'obligation. (Il traduit l'anglais *should*.) Traduisez les phrases suivantes en français. (Voir tableau 8.9.)

1. You should rest now because we are going out later.

    _____

    _____

2. Children should respect their elders.

    _____

3. They should go to church.

    _____

4. You should work harder.

    _____

4F Le verbe *pouvoir* au conditionnel présent devant un infinitif exprime la possibilité. (Il traduit l'anglais *could*.) Traduisez les phrases suivantes en français. (Voir tableau 8.9.)

1. We could help her.

    _____

2. She could never travel alone.

    _____

3. They could do it.

    _____

4. Could he send it to us?

    _____

4G On emploie le conditionnel passé pour exprimer la possibilité et l'éventualité, et après la conjonction *au cas où*. Traduisez les phrases suivantes en français. (Voir tableau 8.11.)

1. I would not have gone there.

    _____

2. He wouldn't have been so happy to leave.

    _____

3. In the event that she would not have come that day, I was ready to do the presentation without her.

    _____

    _____

4H Le verbe *pouvoir* au conditionnel passé devant un infinitif exprime quelque chose de possible, mais qui n'a pas eu lieu. Traduisez les phrases suivantes en français. (Voir tableau 8.12.)

1. You could have told me!

    _____

2. You could have made an effort.

    _____

3. The child could have drowned if you had not been there.

_____

_____

4I Le verbe *devoir* au conditionnel passé devant un infinitif exprime quelque chose de nécessaire ou d'obligatoire, mais qui n'a pas eu lieu. Traduisez les phrases suivantes en français. (Voir tableau 8.12.)

1. She should have listened to her parents.

_____

2. He should have studied harder for his final exam.

_____

3. We should not have left before everybody.

_____

4J Il faut distinguer entre le *would* qui précède une action habituelle et le *would* des phrases hypothétiques. Indiquez si l'auxiliaire *would* dans les phrases suivantes serait traduit par l'imparfait (I) ou le conditionnel (C) en français. (Voir tableau 8.12.)

1. Every Sunday we **would** visit my grandparents.   ____

2. If I could, I **would** help you finish your work.   ____

3. A dictionary **would** have been more helpful.   ____

4. I **would** work late and then sleep in the next day.   ____

4K Traduisez les phrases suivantes en français (Voir tableau 8.12.)

1. He wouldn't participate in the race.

_____

2. She wouldn't tell me her secret.

_____

3. They couldn't understand the exercise.

_____

4. She tried to stand on her skates but couldn't.

_____

5. Could you tell me the time, please?

_____

6. Could you tell me how to get to the bank?

_____

7. I wish I could have been there.

_____

8. I wish it would stop raining.

_____

9. I wish I could go away.

_____

10. You ought to have said something.

_____

5 Correction

5A Choisissez les réponses qui complètent correctement les énoncés suivants.
(Voir tableau 8.17.)

1. Elle _____ débrouille bien depuis qu'elle a quitté le domicile parental.

   _____ a) ce

   _____ b) ceux

   _____ c) se

   _____ d) aucune des réponses ci-dessus

2. Elle habite chez _____ sœur.

   _____ a) ça

   _____ b) sa

   _____ c) ce

   _____ d) aucune des réponses ci-dessus

3. Il va déménager en _____.

   _____ a) mais

   _____ b) mai

   _____ c) mes

   _____ d) aucune des réponses ci-dessus

4. _____ y trouve son plaisir, n'est-ce pas ?

   _____ a) Ont

   _____ b) Ils

   _____ c) Tous

   _____ d) aucune des réponses ci-dessus

5. Ils ne sont pas _____.

   _____ a) la

   _____ b) là

   _____ c) les

   _____ d) aucune des réponses ci-dessus

5B Corrigez les phrases suivantes. (Voir tableau 8.17.)

1. Est-ce une faiblesse où une faute ? (1 faute)

2. Ils n'on vraiment pas eu de chance. (1 faute)

3. Ont ne sait pas si sa fera l'affaire. (2 fautes)

4. Il s'est excusé auprès de ses employés mai il n'a pas démissionné. (1 faute)

5. Je ne sais pas si elle sera la. (1 faute)

6 Expression écrite

6A Faites des phrases qui illustrent bien l'emploi des mots donnés.

1. N'importe qui peut _____

_____ .

2. Il est tout à fait faux de dire que _____

_____ .

3. Tout en reconnaissant le fait que _____

_____ .

4. Quel que soit le bien fondé de _____

_____ .

6B Dans le cadre du devoir suivant, rédigez quatre paragraphes de développement qui font suite au paragraphe d'introduction qui vous est donné ci-desous. Le thème du devoir est relié à la lecture de ce chapitre.

Faut-il vraiment mentir aux enfants ?

On dit que tout le monde ment. Que ce soient de petits ou de gros mensonges, les gens mentent. Dans un livre fort intéressant intitulé *Manuel à l'usage des enfants qui ont des parents difficiles*, l'auteure, Jeanne Van den Brouck, dit même que la plupart des parents mentent souvent à leurs enfants. Elle ajoute que ces parents sont « souvent motivés par les meilleurs sentiments et une réelle bonne volonté ». Étant donné ce fâcheux état de fait, il serait peut-être utile de songer à des stratégies qui éviteraient aux parents d'avoir recours à la contre-vérité et à la mystification.

1. _____

_____

_____

_____

_____

2. _____

_____

_____

_____

_____

3. _____

   _____

   _____

   _____

   _____

   _____

4. _____

   _____

   _____

   _____

   _____

   _____

Vocabulaire

Lecture

Oiseau disparu ? Faire revivre le dodo (article) avec questions de compréhension

Grammaire

Vocabulaire

Exercice 1 : Mots à compléter

Complétez les mots suivants à l'aide des lettres données. Les mots sont tirés du vocabulaire du chapitre 9.

1. Les pays en v _ _ _ de d _ _ _ l _ _ _ _ _ _ _ _ ne profitent pas tous du tourisme.

2. Quelles sont les conséquences du tourisme de masse dans les pays du tiers-monde ?

   I _ _ _ _ _ _ _ n, po _ _ _ _ _ _ n et petite dé _ _ _ _ _ _ _ _.

3. Cet hôtel emploie surtout une main d'œuvre s _ _ s _ _ _ i è _ _.

4. Jacques Cartier est un x _ _ _ _ _ _ e _ r célèbre.

5. Dans les Antilles, le climat est e _ s _ l _ _ _ _ é.

6. Le tourisme de _ a _ _ _ est né dans les années 60.

7. Les dépliants touristiques donnent une image t _ _ n _ _ é _ de la vie quotidienne dans les pays sous-développés.

Exercice 2 : Phrases à composer

Composez des phrases d'au moins dix mots chacune avec les éléments donnés.

1. des vacances programmées

_____

_____

2. la misère

_____

_____

3. le tourisme de masse

_____

_____

4. un pays d'accueil

_____

_____

5. les pays développés

_____

_____

Exercice 3 : Correspondances

Reliez les mots de la Colonne A à ceux de la Colonne B pour former une expression. Les mots de la colonne B sont dans le désordre.

Colonne A

1. le tiers-   ____
2. un climat   ____
3. un pays   ____
4. un échange   ____
5. une hausse   ____
6. des vacances   ____

Colonne B

a) programmées
b) à sens unique
c) monde
d) des prix
e) ensoleillé
f) d'accueil

Exercice 4 : Les radicaux

Expliquez les mots en caractères gras et identifiez la partie du mot qu'on appelle <u>le radical</u> en le soulignant.

1. un **francophile**

_____

_____

2. un centre **équestre**

_____

_____

3. une **pharmacie**

_____

_____

4. un produit **cancérogène**

_____

_____

Lisez le texte ci-dessous puis répondez aux questions de compréhension. Cherchez le sens des mots en caractères gras dans un dictionnaire bilingue.

Oiseau disparu ? Faire revivre le dodo

Des scientifiques anglais veulent faire mentir l'expression « as dead as the **Dodo** ». Ils espèrent extraire de l'ADN de notre oiseau disparu afin de donner vie à un spécimen de cette espèce ou à un cousin très proche. Malgré les progrès faits en génétique ces dernières années, le **pari** reste difficile à réaliser.

Une équipe de l'université d'Oxford travaille sur des tests d'ADN de pigeons de la région d'Afrique. Parallèlement, des travaux sont effectués pour « recréer » l'ADN du dodo avec, au bout de ces efforts, l'espoir de faire revivre le dodo de l'**île Maurice**, effacé du territoire il y a des siècles.

Le film *Jurassic Park* a popularisé l'idée qu'on pouvait faire revivre des espèces disparues et a permis au grand public de comprendre — en simplifiant à l'extrême, comme nous le faisons ici — ce qu'est l'ADN (acide désoxyribonucléique), cette molécule géante, contenue dans nos cellules, qui porte les « plans » pour le développement des organismes vivants. Ce que tentent de réaliser les scientifiques d'Oxford, c'est un peu ce qui a été fait (de façon fictive) dans *Jurassic Park* : arriver à obtenir de l'ADN complet d'une espèce disparue, raviver ses facultés qui lui permettent de « coder » la « construction » d'un être vivant complet, afin de **féconder** des oeufs d'où sortiront des spécimens de cette espèce disparue.

Ce qui paraît simple en théorie l'est beaucoup moins en pratique. Car ces plans contenus dans l'ADN sont faits de milliards d'éléments, qui doivent suivre dans le bon ordre. Or, si l'ADN d'un organisme vivant est disponible en bon état, celui d'espèces disparues est souvent contenu dans des cellules qui ont été endommagées au fil des années, des siècles, ou des millénaires. Faire de *Jurassic Park* une réalité, par exemple, est pour le moment **quasiment** impossible, disent les scientifiques, car il faudrait trouver des cellules de dinosaures (par exemple, comme dans un film de Spielberg, du sang conservé dans l'estomac d'insectes qui ont eux-mêmes été préservés par accident dans de l'**ambre**)... et arriver à tirer, de ces cellules, de l'ADN en parfait état ou avec un niveau de détérioration assez faible pour qu'on puisse le « reconstruire » avec tous ses éléments.

Des cellules du dodo sont disponibles. Alors que les dinosaures ont disparu de la surface de la Terre depuis des millions d'années, le dernier dodo a été vu il y a seulement quelques siècles. Le musée d'Histoire naturelle de l'université d'Oxford possède une tête et une patte de dodo, une autre patte se trouve à Londres, et plusieurs os sont également conservés en Angleterre.

Les scientifiques espèrent en tirer de l'ADN en assez bon état pour le comparer à celui d'autres espèces, très proches, qui existent encore en Afrique ou dans la région de l'océan Indien. Ceci, afin de mieux connaître les origines du dodo et, de là, avoir de meilleures chances de redonner vie à l'espèce. Le dodo aurait été, à l'origine, un gros pigeon vivant en Afrique et qui, volant au-dessus de l'océan Indien, se serait posé à Maurice. L'espèce aurait trouvé sur l'île des conditions qui l'ont menée peu à peu à devenir celle qu'elle était : les dodos étaient comme de grosses poules, incapables de voler. Les scientifiques qui travaillent sur le projet veulent étudier, ainsi, le *Victoria Crown Pigeon*, ce « cousin » du dodo, après implantation de l'ADN de l'oiseau disparu, pourraient aussi « compléter » l'ADN endommagé du dodo.

Un autre moyen envisagé pour « recréer » le dodo ou, plus certainement, un animal très proche, est le *cross breeding*. Autrement dit, faire « croiser » différentes espèces de « cousins » du dodo afin d'obtenir une nouvelle espèce réunissant le maximum de caractéristiques du dodo lui-même.

On n'en est encore qu'au début de ces travaux sur une éventuelle « renaissance » du dodo. Mais certains émettent des réserves sur la réussite d'une telle tentative ou sur les conséquences négatives qu'elle pourrait avoir. Un paléontologue de l'université de Cambridge estime qu'il est impossible d'obtenir de l'ADN complet de dodo. Des écologistes, eux, mettent en garde contre la réaction du public : ce dernier pourrait penser que, si on est arrivé à redonner vie à une espèce disparue, il n'y a plus aucune nécessité de protéger les espèces vivantes et, en particulier, les espèces menacées.

Extrait du magazine Weekend *du 11 avril 1999.*

Compréhension globale

Dites si les affirmations suivantes sont vraies (V) ou fausses (F). Expliquez votre choix pour chaque énoncé.

1. Le dodo est un oiseau en voie de disparition. ____

2. Les écologistes pensent que la stratégie de faire revivre le dodo pourrait encourager les gens à ne plus s'intéresser à la protection des animaux. ____

3. On espère faire renaître le dodo d'ici deux ans. ____

4. On ne sait pas exactement comment on va faire revivre le dodo. ____

5. Heureusement qu'on a gardé des spécimens du dodo dans les musées. ____

6. Le texte cite le film *Jurassic Park* parce que l'oiseau dodo était un oiseau préhistorique. ____

7. On envisage au moins deux moyens pour faire revivre une espèce très proche du dodo. ____

Compréhension détaillée

1. À l'aide de quelle technologie va-t-on essayer de faire revivre une espèce semblable au dodo, qui a disparu il y a plusieurs siècles ?

_____

2. Pourquoi fait-on allusion au film *Jurassic Park* ?

_____

3. Expliquez la phrase « Ce qui paraît simple en théorie l'est beaucoup moins en pratique ».

_____

4. Est-ce qu'on va être capable de créer un oiseau qui est exactement pareil au dodo, qui existait il y a trois siècles ?

_____

Réflexion et discussion

1. Savez-vous pourquoi l'oiseau dodo est un symbole important pour l'île Maurice ?

_____

2. Croyez-vous que c'est une bonne idée de faire revivre une espèce qui a disparu ?

_____

3. Quels sont les dangers de ces nouvelles manipulations génétiques ?

_____

Que sais-je ?

Indiquez la bonne réponse et expliquez votre choix.

1. Dans la phrase « Je n'ai jamais pu voir de baleines en traversant le fleuve St-Laurent », il y a...

   _____ a) une affirmation.

   _____ b) une négation.

   _____ c) une interrogation.

2. La phrase « Je n'ai que des ennuis ces jours-ci » veut dire...

   _____ a) Je n'ai pas d'ennuis ces jours-ci.

   _____ b) J'ai seulement des ennuis ces jours-ci.

   _____ c) J'ai peu d'ennuis ces jours-ci.

3. Le masculin pluriel de l'adjectif *tout* est...

   _____ a) *tous*.

   _____ b) *touts*.

   _____ c) *toutes*.

4. L'expression *n'importe quoi* veut dire...

   _____ a) *anything*.

   _____ b) *everything*.

   _____ c) *nothing*.

5. Le mot *jamais* veut dire...

   _____ a) *peu souvent*.

   _____ b) *pas une seule fois*.

   _____ c) *pas toujours*.

6. Le mot *davantage* veut dire...

   _____ a) *très*.

   _____ b) *beaucoup*.

   _____ c) *plus*.

1 La négation

1A **Complétez les phrases suivantes en traduisant la négation entre parenthèses. (Voir tableau 9.1.)**

1. Je n'ai _____ (*still not*) reçu de ses nouvelles.

2. Elle n'est _____ (*not at all*) religieuse.

3. Nous ne buvons _____ (*never*) de lait.

4. Ils ne sont _____ (*anymore*) mariés.

5. Tu ne manges _____ (*not much*) ; tu es très maigre.

6. Il ne se sent _____ (*not/literally*) apprécié.

7. Elle n'est pas d'accord _____ (*either*).

8. Nous n'avons _____ (*not yet*) mangé.

1B **Récrivez les phrases suivantes en les mettant à la forme négative. (Voir tableaux 9.2 et 9.3.)**

1. Nous avons vu quelqu'un dans la rue.

_____

2. Elle en a vendu plusieurs.

_____

3. Tout me semble impossible en ce moment.

_____

4. Vous avez beaucoup de choses à me dire ?

_____

5. Le chien a tout mangé.

_____

6. Quelqu'un voulait me parler ?

_____

2 Les verbes pronominaux

2A **Mettez les verbes ci-dessous au présent de l'indicatif, d'abord à la forme affirmative, puis à la forme négative. (Voir tableau 9.6.)**

1. nous (se laver)

2. il (se réveiller)

3. vous (se marier)

4. je (se brosser les dents)

5. ils (se raser)

6. elle (se dépêcher)

7. tu (se rappeler)

8. on (s'amuser)

9. nous (se souvenir)

10. tu (se promener) _____

_____

2B **Mettez les phrases suivantes au passé composé. Attention à l'accord du participe passé ! (Voir tableau 2.4.)**

1. Les enfants se battent souvent.

_____

2. Nous nous téléphonons.

_____

3. Elles s'écrivent.

_____

4. Je me promène le soir.

_____

5. Ils se séparent.

_____

6. Tu t'intéresses à la musique.

_____

7. Ils se rencontrent devant la banque.

_____

8. Vous vous asseyez sur des chaises.

_____

9. On se lève tôt.

_____

10. Nous nous plaignons de la nourriture.

_____

2C **Faites deux phrases avec les verbes suivants, l'une avec le verbe pronominal et l'autre avec le verbe non pronominal. (Voir tableau 9.6.)**

1. se laver/laver

_____

2. se dire/dire

_____

_____

3. se mettre/mettre

_____

_____

4. s'entendre/entendre

_____

_____

5. s'attendre à/attendre

_____

_____

6. s'ennuyer/ennuyer

_____

_____

2D **Traduisez les phrases suivantes en anglais. Notez bien la valeur passive du verbe pronominal. (Voir tableau 9.7.)**

1. La bière ne se vend pas dans les épiceries au Canada, sauf au Québec.

_____

_____

2. Elle est très nerveuse, ça se voit !

_____

3. Les fleurs, est-ce que ça se mange ?

_____

4. Cela ne se fait pas dans ce pays.

_____

5. Cela ne se dit pas.

_____

2E **Complétez les phrases suivantes en mettant le verbe pronominal entre parenthèses au temps/mode indiqués.**

1. Le prisonnier _____ (s'enfuir/passé composé) pendant la nuit.

2. L'oiseau _____ (s'envoler/conditionnel présent) si le chat s'approchait de lui.

3. Elle _____ (se repentir/conditionnel passé) si elle _____ (se sentir/plus-que-parfait) coupable.

4. Le vieux bâtiment _____ (s'écrouler/présent de l'indicatif).

5. Ils _____ (se moquer/futur simple) de nous.

2F **Certains verbes pronominaux au pluriel peuvent avoir un sens réfléchi (RÉF) ou un sens réciproque (RÉC). Indiquez le sens des verbes dans les phrases suivantes. (Voir tableau 9.5.)**

1. Ils s'aiment comme deux frères.   _____

2. Elles se frappent en se disputant.   _____

3. Ils se regardent dans les yeux.   _____

4. Elles se déshabillent avant de se coucher.   _____

5. Elles se maquillent avant d'aller au travail.   _____

6. Ils s'écrivent tous les ans à Noël.   _____

2G Il ne faut pas confondre une forme pronominale qui indique une action avec un adjectif ou un participe qui indique le résultat d'une action. Dans les phrases suivantes, indiquez si les mots en italique représentent une action (A) ou un fait accompli (FA).

1. *Le chat était allongé* sur le linge que je venais de plier. _____

2. *Je suis assise* toute la journée et j'ai souvent mal au dos. _____

3. *Nous nous sommes levés* tard dimanche matin parce que *nous nous étions couchés* tard samedi soir. _____

4. *Il était déjà levé* quand je lui ai téléphoné. _____

5. *Elle s'était couchée* parce qu'elle avait une migraine. _____

2H Construisez des phrases qui illustrent bien le sens des verbes ci-dessous.

1. s'en faire

_____

_____

2. s'y faire

_____

_____

3. s'agir de

_____

_____

2I On utilise l'article défini en français lorsque le sujet d'un verbe pronominal agit sur une partie du corps. L'anglais utilise le possessif. Mettez l'article qui convient. (Voir tableaux 3.13 et 9.7.)

1. Elle s'est foulé _____ cheville.

2. Je me suis cassé _____ doigt.

3. Elle s'est coupé _____ cheveux.

4. Il s'est cassé _____ bras.

5. Il faut que tu te brosses _____ dents.

6. Les enfants n'aiment pas se laver _____ visage.

7. Je t'ai dit de te laver _____ mains.

2J Le pronom réfléchi est souvent sous-entendu en anglais. En français, le pronom personnel réfléchi est toujours exprimé. Traduisez les phrases suivantes en anglais. (Voir tableau 9.7.)

1. Calmez-vous !

_____

2. Nous nous levons vers huit heures.

_____

3. Nous aimons nous promener dans le parc.

_____

4. Je me réveille tôt à cause des trains.

_____

3 Les expressions impersonnelles

3A Les verbes impersonnels sont toujours à la troisième personne du singulier. Leur sujet est toujours le pronom neutre et indéterminé *il*. Complétez les phrases suivantes. (Voir tableau 9.8.)

1. Il pleut _____

   _____ .

2. Il a neigé _____

   _____ .

3. S'il fait beau _____

   _____ .

4. Il s'agit de _____

   _____ .

5. Il se passe _____

   _____ .

6. Il est bizarre que _____

   _____ .

7. Il paraît que _____

   _____ .

3B Dites si le pronom *il* est personnel (P) ou impersonnel (I) dans les phrases suivantes. (Voir tableau 9.8.)

1. *Il* n'est pas sûr de pouvoir le faire. _____

2. *Il* a fallu laisser les enfants dans la voiture. _____

3. *Il* paraît que vous n'êtes pas d'accord. _____

4. *Il* agira sans réfléchir. _____

5. *Il* s'agit d'un crime. _____

6. *Il* y a trente étudiants dans la classe. _____

4 Les adjectifs et pronoms indéfinis

4A Complétez les phrases suivantes en traduisant les mots entre parenthèses. (Voir tableaux 9.9 et 9.10.)

1. _____ (*not a single*) gérant n'est venu à la réunion.

2. En principe, _____ (*anyone*) peut devenir président des États-Unis.

3. _____ (*certain people*) disent qu'il faut se préparer pour une troisième guerre mondiale.

4. Je _____ (*have no idea*) de ce que vous voulez dire.

5. _____ (*no one*) n'a le droit de faire cela.

6. Elle n'a parlé _____ (*to anyone*).

7. Nous n'avons vu _____ (*anyone*) en nous promenant.

8. Dans une relation intime, il faut respecter _____ (*the other person*).

9. Voulez-vous _____ (*something else*), Madame ?

10. Choisis un poème, _____ (*any poem*), et je te le lirai.

11. _____ (*whatever*) elle me dise, je ne la croirai pas.

12. On s'est disputé _____ (*many times*) avant de se quitter définitivement.

13. _____ (*more than one*) avion s'est écrasé en atterrissant.

14. _____ (*all*) les filles de ce groupe veulent maigrir.

15. On nous a offert _____ (*various*) options.

16. _____ (*no*) argument ne me semble convaincant dans cette histoire.

17. _____ (*each*) problème a plusieurs solutions.

18. _____ (*people are saying*) qu'elle a collaboré avec les Allemands pendant l'Occupation.

19. Nous voudrions boire _____ (*something*) de froid parce qu'il fait si chaud.

20. _____ (*both of them*) ont été arrêtés ce matin.

21. _____ (*like*) père, _____ (*like*) fils.

22. _____ (*whatever it is that*) vous ayez fait, je vous aimerai toujours.

23. Dites-le à _____ (*whomever you like*), je m'en moque.

24. J'ai _____ (*some*) achats à faire cet après-midi.

25. Ils achètent toujours les _____ (*same*) choses.

4B Faites une phrase avec chacun des termes suivants. (Voir tableaux 9.11, 9.12 et 9.13.)

1. autrui

_____

_____

2. quels que

_____

_____

3. n'importe qui

_____

_____

4. quelconque

_____

_____

5. l'un et l'autre

_____

_____

6. qui que ce soit que

_____

_____

5 Traduction

5A Traduisez les phrases suivantes en français.

1. I'm going to get married next month.

_____

2. I am going for a walk.

_____

3. We're going to be bored.

_____

4. Do you think they are going to help each other?

_____

5. I don't think she will remember us.

_____

5B Traduisez les phrases impératives suivantes en employant les verbes entre parenthèses.

1. Have fun! (vous/s'amuser)

_____

2. Let's hurry. (nous/se dépêcher)

_____

3. Go to bed! (tu/se coucher)

_____

4. Wash your hair. (tu/se laver/les cheveux)

_____

5. Brush your teeth. (vous/se brosser les dents)

_____

5C La construction _to get_ + adjective/past participle, très usitée en anglais, est souvent exprimée en français par un verbe pronominal. Traduisez les phrases suivantes en français. (Voir tableau 9.17.)

1. She is getting angry.

_____

2. They are getting separated.

_____

3. They are getting married.

_____

4. We are getting impatient.

_____

5. He gets tired very easily.

_____

5D Traduisez les phrases suivantes en français.

1. They don't study very hard either.

_____

2. I can't find my wallet anywhere.

_____

3. You still haven't cleaned your room!

_____

4. I don't think so.

_____

5. Don't ever say that!

_____

5E Traduisez les phrases suivantes en français.

1. I don't have a single art book in my collection.

_____

2. No politician would ever support such a measure.

_____

3. I didn't have any idea what he meant.

_____

4. No child will be allowed to leave the school without special permission.

_____

_____

6 Correction

6A Choisissez la bonne orthographe des mots suivants. (Voir tableau 9.15.)

1. ___ le 29 Mars   ___ le 29 mars
2. ___ les États-Unis   ___ les États-unis
3. ___ ils apprennent le chinois   ___ ils apprennent le Chinois
4. ___ le pôle sud   ___ le pôle Sud
5. ___ les russes   ___ les Russes

6B Déterminez s'il faut mettre une/des majuscule(s) aux mots en italique. Faites les corrections appropriées. (Voir tableau 9.15.)

1. *victor hugo* a aussi écrit *notre-dame de paris*.

2. La *reine* vient de fêter son anniversaire.

3. *Du canada*, il faut traverser l'*océan pacifique* pour se rendre en *nouvelle-zélande*.

4. *calgary* se trouve au *sud* d'*edmonton*.

5. *à Paris*, il faut absolument visiter le *musée d'orsay*.

7 Expression écrite

7A Composez des phrases à l'aide des conjonctions négatives entre parenthèses. (Voir tableau 9.4.)

1. Avec deux noms sujets (ni … ni … ne)

_____

2. Avec deux pronoms compléments d'objet direct (ne … ni … ni)

_____

_____

3. Avec deux noms compléments d'objet direct (ne … pas de … ni … de)

_____

_____

4. Avec deux participes passés (ne … ni … ni)

_____

_____

5. Avec deux infinitifs (ne … ni … ni)

_____

_____

6. Avec deux propositions subordonnées (ne pas que… ni que…)

_____

_____

7B Écrivez des phrases en utilisant les expressions négatives entre parenthèses.

1. (ne … pas … non plus)

_____

2. (ne … aucunement)

_____

_____

3. (ne ... nulle part)

_____

_____

4. (Aucun ... ne...)

_____

_____

5. (ne ... pas une ...)

_____

_____

6. (Nulle ... ne ...)

_____

_____

7C **Racontez ou décrivez ce qu'est, pour vous, un voyage idéal.**

_____

_____

_____

_____

_____

_____

_____

_____

Vocabulaire

Lecture

Les yeux baissés (extrait du roman de Tahar Ben Jelloun) avec questions de compréhension

Grammaire

Vocabulaire

Exercice 1 : Mots de la même famille

Donnez le nom (avec l'article) qui correspond à chacun des verbes suivants.

1. répondre _____
2. appeler _____
3. afficher _____
4. décrocher _____
5. attendre _____
6. correspondre _____
7. envoyer _____

Exercice 2 : Homonymes

Donnez au moins un homonyme pour chacun des mots suivants.

1. dans _____
2. son _____
3. tant _____
4. guère _____
5. c'est _____
6. vers _____

Puis choisissez trois paires d'homonymes et illustrez la différence entre les mots en composant des phrases complètes.

Modèle : dans – dent

➤ **a)** *Je mets du sucre <u>dans</u> mon café.*

➤ **b)** *J'ai mal à une <u>dent</u>.*

Paire 1 : _____ – _____

a) _____

b) _____

Paire 2 : _____ – _____

a) _____

b) _____

Paire 3 : _____ – _____

a) _____

b) _____

Exercice 3 : Correspondances

Reliez les verbes de la colonne A aux compléments de la colonne B (les éléments de la colonne B sont dans le désordre).

Colonne A

1. composer   ____
2. laisser   ____
3. envoyer   ____
4. retourner   ____
5. téléphoner   ____

Colonne B

a) un appel
b) à quelqu'un
c) un mauvais numéro
d) un télégramme
e) un message

Lecture

Lisez le texte ci-dessous puis répondez aux questions de compréhension. Cherchez le sens des mots en caractères gras dans un dictionnaire bilingue.

Les yeux baissés

Nous arrivâmes à Paris à l'**aube**. Le ciel était gris, les rues devaient être peintes en gris aussi, les gens marchaient d'un pas décidé en regardant par terre, leurs habits étaient sombres. Les murs étaient tantôt noirs, tantôt gris. Il faisait froid. Je me frottais les yeux pour bien voir et tout enregistrer. Si mon frère Driss avait été là, il aurait demandé avec son petit accent : « C'est cela La France ? » Je pensais à lui en découvrant ce pays étranger qui allait devenir ma nouvelle **patrie**. Je regardais les murs et les visages, confondus dans une même tristesse. Je comptais les fenêtres des maisons hautes. Je perdais le fil de mes calculs. Il y avait trop de fenêtres, trop de maisons les unes sur les hautes. C'était tellement haut que mes yeux s'égaraient dans les nuages. J'avais le **vertige**. Des dizaines de questions se bousculaient dans ma tête. Elles allaient et venaient, chargées de mystère et d'impatience. Mais à qui les poser ? A mon père, qui était très fatigué, et qui ne pouvait répondre à la curiosité d'une enfant recevant en plein visage de bon matin tout un monde auquel elle ne comprenait strictement rien ?

Durant le trajet, mon père n'avait pas dit un mot. Il y eut deux arrêts au bord de la route pour manger. Ma mère ne parlait pas non plus. Je sentais que ce voyage était une **fuite**. Nous

nous éloignions le plus possible du village. Mon père, généralement prudent, conduisait vite. On aurait dit que nous étions suivis ou pourchassés par une armée invisible commandée par ma tante. Moi, j'aimais cette vitesse. Dès que je fermais les yeux, le visage de Driss m'apparaissait, souriant ou pleurant, comme s'il nous reprochait de l'avoir abandonné au village. Je pleurais en silence, et je savais que mes parents devaient avoir les mêmes visions. Ma mère ne dormait pas. Elle ne quittait pas des yeux mon père, qui ravalait ses larmes.

Notre installation se fit assez rapidement. Nous fûmes aidés par d'autres familles marocaines, ainsi que par Mme Simone, envoyée par la mairie pour nous faciliter les démarches administratives.

Grande, assez corpulente, le sourire facile, Mme Simone était notre **fée** et notre amie. Assistante sociale, elle essaya au début de nous expliquer sa fonction et son rôle, mais pour nous c'était un ange envoyé par Dieu pour nous accueillir dans cette ville où tout était difficile. Elle parlait quelques mots d'arabe et nous disait qu'elle avait vécu et travaillé à Beni Melal.

Moi, j'étais rebelle. Je ne parlais qu'avec mes parents. Ma langue, c'était le **berbère**, et je ne comprenais pas qu'on utilise un autre dialecte pour communiquer. Comme tous les enfants, je considérais que ma langue maternelle était universelle. J'étais rebelle, et même agressive, parce que les gens ne me répondaient pas quand je leur parlais. Mme Simone me disait des mots arabes qui étaient pour moi aussi étranges que ceux qu'elle prononçait dans sa propre langue. Je me disais : elle ne m'aime pas puisqu'elle ne me parle pas berbère. Alors je crachais, je criais, je jetais par terre des objets.

Je n'étais ni gâtée ni difficile. J'étais assaillie de choses nouvelles et je voulais comprendre. J'avais l'impression d'être devenue, du jour au lendemain, sourde-muette, jetée, et oubliée par mes parents dans une ville où tout le monde me tournait le dos, où personne ne me regardait ni me parlait. Peut-être que j'étais transparente, invisible, que la couleur sombre de ma peau faisait qu'on me confondait avec les arbres. J'étais un arbre, disons un arbuste, à cause de ma petite taille et de ma maigreur. J'étais bonne pour servir d'**épouvantail**. Mais il n'y avait guère de champs de blé et encore moins d'oiseaux. Il y avait bien des pigeons, mais tellement mous et stupides qu'ils faisaient honte à leur tribu. J'aimais bien regarder passer les voitures. J'aspirais profondément les gaz et essayais de m'imbiber de ce parfum des villes, si nouveau et si **enivrant** pour la **bergère** élevée à l'air pur. Je passais la journée à compter les voitures et je m'endormais de fatigue sur le banc. Je ne gardais plus les vaches, mais je continuais à faire les mêmes gestes, allant jusqu'à considérer que les automobiles étaient des vaches pressées, **fuyant** dans toutes les directions.

La ville défilait sous mes yeux et je perdais la notion de toute chose. Le temps d'abord : je **confondais** le jour et la nuit. Je dormais n'importe quand et me réveillais au moment où les autres étaient plongés dans le sommeil. J'avais perdu le matin. Je n'arrivais jamais à le retrouver. Chaque fois que j'ouvrais l'œil, c'était la nuit ou la fin du jour. Mon père m'expliqua que dans ce pays la journée était divisée en heures, alors qu'au village on ne connaissait que le lever et le coucher du soleil. Il m'apprit à lire l'heure sur une montre :

— Là, c'est ta mère qui prépare les crêpes — il est six heures ; là, c'est toi qui sors les bêtes — il est sept heures; là, c'est le soleil qui est au-dessus de ta tête — il est midi, il est l'heure de la deuxième prière...

Il me laissa sa montre, et je passai la journée à apprendre le temps. J'avais trouvé mes propres **repères** avec le départ de mon père au travail et son retour. Mais cela se compliquait parce que, durant une semaine, il partait au moment où le soleil était au-dessus de ma tête, et il rentrait tard dans la nuit. L'autre semaine, c'était le contraire ; il s'en allait tard dans la nuit et revenait au moment du soleil sur ma tête. Mais le soleil était un mauvais compagnon. Il était rarement là. Moi, j'aimais bien les nuages. Ceux-là étaient épais et noirs. Ils avaient l'épaisseur de mon cœur et la couleur de mes rêves. Chez nous, au village, quand les nuages arrivaient, ils étaient pressés. Ils crevaient ou se dispersaient assez rapidement. La pluie ne tombait pas n'importe quand. Ici, elle arrivait souvent pour laver les murs et les rues. Elle ne **prévenait** pas, et personne ne lui **faisait la fête**.

Extrait de *Les yeux baissés* de Tahar Ben Jelloun, © Éditions du Seuil, 1991, coll. *Points*, 1997, p. 69-73.

Compréhension globale

Dites si les affirmations suivantes sont vraies (V) ou fausses (F). Expliquez votre choix.

1. La personne qui narre ce récit est un garçon. ____

2. Ce déménagement du Maroc s'est fait avec un certain nombre de difficultés. ____

3. On nous donne une description plutôt attrayante de la ville de Paris. ____

4. Cet extrait nous fait comprendre les difficultés rencontrées par un enfant qui change de milieu. ____

5. Les difficultés rencontrées sont principalement linguistiques. ____

Compréhension détaillée

1. Relevez toutes les descriptions de la ville de Paris. Comment paraît cette ville selon le narrateur ?

_____

_____

2. Cette description correspond-elle à votre image de Paris ? Comment expliquez cette expérience de l'enfant dont la famille a quitté le Maroc ?

_____

_____

3. Comment réagissent les parents à ce déménagement ?

_____

_____

4. Citez les difficultés rencontrées par l'enfant. Comment essaie-t-elle de les surmonter ?

_____

_____

5. Pourquoi se compare-t-elle à un épouvantail ?

_____

_____

6. Relevez les segments qui décrivent implicitement le village marocain d'où vient l'enfant ?

_____

_____

Réflexion

1. D'après-vous, comment est le village que l'enfant et sa famille ont quitté ?

_____

_____

_____

2. Pouvez-vous imaginer un dénouement positif à cette histoire ?

_____

_____

_____

Que sais-je ?

Indiquez la bonne réponse et expliquez votre choix.

1. La phrase « Elle a été surprise par sa réaction » est...

    _____ a) à la forme active.

    _____ b) à la forme passive.

    _____ c) à la forme interrogative.

2. La phrase « Le français est parlé ici » veut dire...

    _____ a) *On parle français là-bas.*

    _____ b) *Ici on parle français.*

    _____ c) *Le français ne se parle pas ici.*

3. L'élément de phrase « en me promenant » veut dire...

    _____ a) *while I was walking.*

    _____ b) *having taken a walk.*

    _____ c) *walking away.*

4. L'expression « ce matin-là » veut dire...

    _____ a) *this morning.*

    _____ b) *in the morning.*

    _____ c) *that morning.*

5. Le discours direct...

    _____ a) cite les paroles de quelqu'un.

    _____ b) explique les paroles de quelqu'un.

    _____ c) nie les paroles de quelqu'un.

6. Le terme *aucun* veut dire...

    _____ a) *pas un.*

    _____ b) *quelques-uns.*

    _____ c) *pas du tout.*

1 La voix passive

1A Une phrase est à la voix passive quand le sujet du verbe n'accomplit pas l'action mais la subit. À la voix active, le sujet fait l'action. Composez des phrases à la voix passive et au passé composé à partir des éléments donnés. (Voir tableau 10.1.)

1. Ce chien/battre/cet homme

    _____

2. Les biscuits/prendre/cet enfant

    _____

3. Cette voiture/voler/deux adolescents

_____

4. Cet enfant/mordre/un chien

_____

5. Leur héritage/gaspiller/le fils du défunt

_____

6. La photographie/inventer/deux Français, Daguerre et Niepce

_____

7. Le radium/découvrir/Pierre et Marie Curie

_____

1B **Maintenant, transformez les phrases passives ci-dessus (1A) en phrases à la voix active.**

1. _____
2. _____
3. _____
4. _____
5. _____
6. _____
7. _____

1C **Mettez les verbes suivants à la forme passive. N'oubliez pas l'accord du participe passé ! (Voir tableau 10.2.)**

1. il trouvera _____

2. nous apprécions _____

3. j'avais battu _____

4. qu'ils aient séparé _____

5. il capturera _____

6. tu menaces _____

7. vous attendiez _____

8. je surprendrai _____

1D **La voix passive peut être utilisée pour la description. Complétez les phrases suivantes en mettant le verbe entre parenthèses à la voix passive. Attention à l'accord du participe passé ! (Voir tableau 10.3.)**

1. La reine Elizabeth II _____ (couronner) en 1952.

2. Le Canada _____ (fonder) en 1867.

3. Marat, un des héros de la Révolution française, _____ (assassiner) par une femme, Charlotte Corday, en 1793.

4. L'Algérie _____ (coloniser) par la France.

5. Cette année-là, la Nouvelle-Orléans _____ (inonder).

6. Certaines régions de la Yougoslavie _____ (détruire) par la guerre.

7. La construction du Sacré-Cœur _____ (finir) en 1910.

8. *Guernica*, qui est un tableau célèbre, _____ (peindre) en 1937 par Picasso.

9. *La Charogne* _____ (écrire) par Baudelaire.

10. Le président Kennedy _____ (tuer) à Dallas en 1963.

1E Pour éviter la voix passive, on peut employer le pronom *on*. Mettez les phrases suivantes à la voix active. (Voir tableau 10.4.)

1. Cette partition a été jouée au concert.

_____

2. Cette idée sera discutée à la réunion de la semaine prochaine.

_____

3. Cette nouvelle avait été annoncée publiquement.

_____

4. Ce produit est vendu partout maintenant.

_____

5. Le marijuana ne sera jamais légalisée au Canada.

_____

1F Le verbe *être* peut être suivi d'un adjectif dans une description à la voix active (VA) ou il peut être l'auxiliaire d'un verbe à la voix passive (VP). Identifiez la voix (VA ou VP) dans les phrases suivantes.

1. La porte qui donne sur le jardin *est ouverte*. _____

2. La voiture *est utilisée* par tous les membres du club. _____

3. Ils *ont été surpris* par des cambrioleurs. _____

4. Les clôtures *sont repeintes* chaque année. _____

5. Le directeur *est occupé* en ce moment. _____

2 Le participe présent

2A Donnez le participe présent (voix active) des verbes suivants. (Voir tableau 10.6.)

1. marcher _____

2. être _____

3. savoir _____

4. voir _____

5. devenir _____

6. faire _____

7. essuyer _____

8. tomber _____

9. se lever _____

10. avoir _____

11. dormir _____

12. finir _____

13. lire _____

14. boire _____

15. s'aimer _____

2B   **Mettez les verbes ci-dessous au participe présent composé. (Voir tableau 10.8.)**
Modèle : écoutant

→   *ayant écouté*

1. prenant _____

2. pleurant _____

3. descendant _____

4. volant _____

5. se regardant _____

6. se déshabillant _____

7. écrivant _____

8. se suicidant _____

9. achetant _____

10. votant _____

2C   **Mettez les participes présents composés ci-dessous à la voix passive. (Voir tableau 10.9.)**
Modèle : ayant appelé → *ayant été appelé*

1. ayant construit _____

2. ayant trahi _____

3. ayant bombardé _____

4. ayant appris _____

5. ayant attaqué _____

2D   **Complétez les phrases suivantes à l'aide du participe présent composé (voix active) des verbes entre parenthèses.**

1. Son père, _____ (partir) pour l'Europe la veille, ne pouvait pas l'aider.

2. _____ (perdre) son porte-monnaie, le petit garçon s'est mis à pleurer.

3. _____ (tomber) malade, notre professeur a été remplacé par le directeur.

4. _____ (se lever) à six heures, il a tout fini avant midi.

5. _____ (ne pas aller) chez sa mère ce jour-là, elle n'a pas appris la nouvelle immédiatement.

2E Les pronoms objets précèdent le participe présent. Complétez chaque phrase en traduisant le pronom entre parenthèses.

1. Vous l'aimerez en _____ (*him*) rencontrant, j'en suis sûr !

2. Je me suis fâché en _____ (*her*) voyant parce qu'elle portait mon chandail.

3. J'ai réglé le problème en _____ (*them*) offrant mille dollars.

4. Il a réussi en _____ (*them*) convainquant de l'aider.

2F Le participe présent sert souvent à exprimer un complément circonstanciel de temps, de moyen, de manière, de condition ou de concession. Cette forme du participe présent, toujours précédée de la préposition *en*, s'appelle « le gérondif », qui est invariable. Complétez les phrases suivantes en utilisant le gérondif des verbes entre parenthèses. (Voir tableau 10.10.)

1. Les soldats, démoralisés par la défaite, marchaient _____ (traîner) leurs provisions.

2. Je l'ai vu _____ (quitter) le magasin.

3. Elle a clarifié la situation _____ (donner) beaucoup d'exemples.

4. Vous atteindrez vos buts _____ (sacrifier) tout le reste.

5. Il a fait venir un gendarme _____ (crier) comme un fou.

2G Certains participes présents peuvent être utilisés comme noms. Ils prennent alors un genre et un nombre. Complétez les phrases en traduisant les mots entre parenthèses.

1. C'est nous, les _____ (*losers*).

2. Seulement les _____ (*residents*) ont le droit de stationner dans la rue.

3. Tous les _____ (*supporters*) de cette philosophie seront poursuivis et punis par le dictateur.

4. Tous les _____ (*producers*) de soie se trouvaient à Lyon à l'époque.

5. Tous les _____ (*people taking part*) recevront une lettre donnant tous les détails nécessaires.

2H Certains participes présents peuvent être utilisés comme adjectifs. Ils s'accordent alors en genre et en nombre avec le nom ou le pronom qu'ils qualifient. Complétez les phrases suivantes avec l'adjectif verbal qui convient. (Voir tableaux 10.10 et 10.11.)

1. C'était une soirée _____ (*where we danced*).

2. C'est un travail _____ (*tiring*).

3. C'est une idée _____ (*interesting*).

4. L'atmosphère dans la salle était _____ (*suffocating*).

5. Ils ont des opinions _____ (*diverging*).

6. Le candidat _____ (*preceding*) était le meilleur, à mon avis.

7. Je trouve cette conférence très _____ (*stimulating*).

2I Le participe présent peut s'utiliser à la place d'une proposition subordonnée soit pour exprimer une raison ou une cause, soit pour exprimer une action simultanée. Remplacez les mots soulignés par un participe présent. (Voir tableau 10.10.)

1. Nous cherchons des gens <u>qui veuillent</u> participer à nos expériences.

_____

2. <u>Puisqu'il n'avait pas d'argent</u>, il faisait de l'auto-stop.

_____

3. <u>Parce qu'il ne croyait pas en Dieu</u>, il a été rejeté par sa famille.

_____

4. <u>Parce qu'il voulait</u> être là avant les autres, il a quitté la maison très tôt.

_____

3 Le discours indirect

3A Mettez les phrases suivantes au discours indirect. (Voir modèle 1.)

1. Pierre répond : « J'en ai marre ! »

_____

2. Le premier ministre déclare : « Je ferai tout mon possible pour améliorer les conditions économiques de ce pays. »

_____

3. Le professeur dit : « L'examen aura lieu le 30 mai. »

_____

4. Alison insiste : « Je ne peux pas vous accompagner. »

_____

5. Ma femme m'annonce : « Nous allons avoir un bébé ! »

_____

3B Mettez les phrases suivantes au discours indirect. (Voir modèle 2.)

1. Mon patron me demande : « Est-ce que tu crois que tu mérites cette promotion ? »

_____

2. Son professeur lui demande : « Avez-vous fini votre composition écrite ? »

_____

3. Le bibliothécaire me demande : « As-tu rendu le livre ? »

_____

4. Ma mère veut savoir : « Es-tu malade ? »

_____

3C Mettez les phrases suivantes au discours indirect en notant bien que le verbe de la proposition principale est au passé. (Voir modèle 3 et tableau 10.13.)

1. Marie a déclaré : « Je veux devenir actrice. »

_____

2. Le musicien a dit : « J'aurai terminé le concert à 11 heures. »

_____

_____

3. J'avais dit : « J'ai gagné, mais je ne peux pas expliquer comment. »

_____

_____

4. Elle disait toujours : « Je le ferai quand je serai riche. »

_____

5. Nous avons dit : « Nous nous sommes mariés. »

_____

3D Mettez les phrases suivantes au discours indirect. (Voir modèle 4.)

1. Les Leroux m'ont demandé : « Qu'est-ce que vous pensez de notre pays ? »

_____

_____

2. Ma mère m'a demandé : « Qu'est-ce que tu voudrais manger ce soir ? »

_____

_____

3. Elle m'a demandé : « Qu'est-ce que vous étudiez à l'université ? »

_____

_____

4. Mon père m'a demandé : « Qu'est-ce que tu feras de ta motocyclette, puisque tu n'as plus de permis de conduire ? »

_____

_____

5. Il m'a demandé : « Qu'est-ce que tu comptes faire cet été ? »

_____

_____

3E Mettez les phrases suivantes au discours indirect. (Voir modèle 5 et tableaux 10.14 et 10.15.)

1. Je leur ai demandé : « Qui est-ce qui a gagné le match de football hier ? »

_____

_____

2. Nous lui avons demandé : « Qu'est-ce qui te rend triste aujourd'hui ? »

_____

_____

3. Je leur demande : « Qu'est-ce qu'il y a dans cette boîte ? »

_____

_____

4. Elle lui a demandé : « Qui est-ce que vous aimez ? »

_____

_____

5. Ils m'ont demandé : « Combien gagnez-vous à l'usine ? »

_____

_____

6. Il me demande : « Où êtes-vous né ? »

_____

_____

7. On me demandait : « Pourquoi parlez-vous comme ça ? »

_____

_____

8. On m'a demandé avant-hier : « Quand allez-vous finir votre contrat ? »

_____

_____

3F **Mettez les phrases suivantes au discours indirect. (Voir modèle 6.)**

1. Le concierge disait toujours : « Fermez la porte à clef en partant. »

_____

_____

2. Le professeur dit : « Levez la main si vous connaissez la réponse. »

_____

_____

3. Ma mère me dit souvent : « Prépare-toi pour l'avenir. »

_____

_____

4. Le professeur nous a ordonné : « Ne parlez pas pendant l'examen. »

_____

_____

5. Je lui ai suggéré : « N'oubliez pas votre composition et soyez à l'heure. »

_____

_____

3G **Mettez les phrases suivantes au discours indirect. (Voir modèle 7.)**

1. J'ai dit à Paul : « Le gouvernement a refusé de renouveler votre contrat. »

_____

_____

2. L'infirmière a dit à ma sœur : « Votre mari est mort pendant la nuit. »

_____

_____

3. Ma camarade de chambre m'a dit : « Ton père est venu te voir cet après-midi. »

_____

_____

4. Elle m'a demandé : « Est-ce que ton chien s'appelle Fido ? »

_____

_____

5. Elle s'est demandée : « Est-ce que j'ai raison de ne pas accepter cette offre ? »

_____

_____

4 Traduction

4A Traduisez les phrases suivantes en français. Évitez, si possible, la voix passive.

1. Several American presidents have been assassinated.

_____

2. Five children were kidnapped.

_____

3. Several soldiers were decorated.

_____

4. The rugs would have been cleaned.

_____

5. Spanish is spoken in Mexico.

_____

6. His book was published.

_____

7. Mini-skirts are not worn anymore.

_____

8. His car was hit by a truck.

_____

4B Traduisez les phrases suivantes en employant le participe présent à la forme négative.

1. Not having enough money, they were unable to eat at the restaurant.

_____

_____

2. Not speaking Chinese fluently, they were often misunderstood while on holidays in China.

_____

_____

3. Not being a very patient person, he fired him on the spot.

_____

_____

4. Not wanting to appear ignorant of the facts, he remained silent.

_____

_____

5. Not knowing England as I did, he was unaware that the climate would not suit him.

_____

_____

4C Traduisez les phrases suivantes en employant le participe présent composé à la forme négative.

1. Not having finished her doctorate, she was unable to find work in her field.

_____

_____

2. Not having eaten all that was on his plate, he couldn't have any dessert.

_____

_____

3. Not having understood what she meant, I asked a stupid question.

_____

_____

4. Not having wanted to travel with them, I remained at home and spent a quiet and enjoyable holiday.

_____

_____

5. Not having shaved that morning, he looked tired.

_____

_____

5 Correction

5A Choisissez les réponses qui complètent correctement les énoncés suivants. (Voir tableau 10.18.)

1. Ce restaurant est tout _____ du bureau.

____ a) prêt

____ b) près

____ c) pré

____ d) aucune des réponses ci-dessus

2. Ils ne _____ pas encore répondu.

  ____ a) mont

  ____ b) mon

  ____ c) m'ont

  ____ d) aucune des réponses ci-dessus

3. Ils sont _____ rentrés.

  ____ a) tous

  ____ b) tout

  ____ c) toute

  ____ d) aucune des réponses ci-dessus

4. Je ne savais pas _____ était partie.

  ____ a) quelle

  ____ b) quel

  ____ c) qu'elle

  ____ d) aucune des réponses ci-dessus

5. Il y a _____ de bons films.

  ____ a) t'en

  ____ b) tant

  ____ c) temps

  ____ d) aucune des réponses ci-dessus

5B **Corrigez les phrases suivantes. Il y a une faute par phrase. (Voir tableau 10.18.)**

1. Elle avait plus tôt l'air embêté.

2. Il est tous triste.

3. Quand sais-tu ? Tu n'as pas lu l'article.

4. Je ne me rappelle pas ce quelle ma dit.

5. Êtes-vous près à partir ?

6 Expression écrite

6A **Complétez les phrases suivantes.**

1. Tout en me promenant, _____

_____.

2. Après s'être installé près de la cheminée, _____

_____.

3. N'ayant pas eu de réponse, _____

_____.

4. Sans vouloir l'offusquer, _____

_____.